职业院校新形态通识教育系列教材

普通话教程

Mandarin Course

微课版

陈群 于亚鹏／主编　张金玲／副主编

人民邮电出版社

北京

图书在版编目（CIP）数据

普通话教程：微课版 / 陈群，于亚鹏主编. -- 北京：人民邮电出版社，2023.9
职业院校新形态通识教育系列教材
ISBN 978-7-115-62415-4

Ⅰ. ①普… Ⅱ. ①陈… ②于… Ⅲ. ①普通话－职业教育－教材 Ⅳ. ①H102

中国国家版本馆CIP数据核字(2023)第142566号

内 容 提 要

本书针对普通话水平测试的要求，按照先理论后实践的逻辑系统地介绍了普通话的语音理论和普通话水平测试的相关要求，并给出了普通话考试的实践示例。

本书具体包括概述篇、知识篇、应用篇三部分，从了解普通话与现代汉语、普通话语音、普通话声母及辨正、普通话韵母及辨正、普通话声调及辨正、普通话音节、普通话音变、普通话朗读训练等方面展开讲解，旨在提高读者的普通话水平，为读者参加普通话水平测试奠定基础。

本书既可以作为职业院校普通话课程的教材，也可以作为各行各业普通话学习者的参考用书，同时也可以作为普通话水平测试的指导用书。

◆ 主　　编　陈　群　于亚鹏
　　副 主 编　张金玲
　　责任编辑　楼雪樵
　　责任印制　王　郁　彭志环
◆ 人民邮电出版社出版发行　　　　北京市丰台区成寿寺路 11 号
　　邮编　100164　　电子邮件　315@ptpress.com.cn
　　网址　https://www.ptpress.com.cn
　　北京鑫丰华彩印有限公司印刷
◆ 开本：787×1092　1/16
　　印张：9.5　　　　　　　　　　2023 年 9 月第 1 版
　　字数：181 千字　　　　　　　　2023 年 9 月北京第 1 次印刷

定价：42.00 元
读者服务热线：(010)81055256　印装质量热线：(010)81055316
反盗版热线：(010)81055315
广告经营许可证：京东市监广登字 20170147 号

党的二十大报告指出："坚守中华文化立场，提炼展示中华文明的精神标识和文化精髓，加快构建中国话语和中国叙事体系，讲好中国故事、传播好中国声音，展现可信、可爱、可敬的中国形象。"推广普通话对传播中华文明有重要意义。随着我国社会、经济的快速发展，人员流动日益增大，流动的区域日益扩大，各地不同的方言给人们的沟通交流造成了一定的阻碍。因此，推广普通话成为我国一项重要的举措。我国《宪法》明确了普通话作为全国通用语言的法律地位。《国家通用语言文字法》规定："学校及其他教育机构以普通话和规范汉字为基本的教育教学用语用字。法律另有规定的除外。"自1955年起，我国逐步实行按普通话水平测试结果颁发普通话等级证书的制度。此后，这项测试越来越规范、完善，成为检验人们普通话水平的一项权威标准，并与职业能力相关联。为了更好地贯彻《国家通用语言文字法》，全面推进素质教育，配合学校普及普通话，开展普通话教学工作，顺应国内外学习普通话的潮流，提高学生的普通话水平，我们编写了本书。

本书在广泛吸收众多语言学家研究成果的基础上，以普通话语音训练贯串全书，结合职业院校学生的认知规律编排内容、设计体例，旨在充分调动学生学习的积极性和主动性，突出职业教育的实用性。

本书正文包括概述篇、知识篇、应用篇3篇。每篇又包含以下全部或部分模块的内容。这些模块的主要功能如下。

★ 开篇寄语：概述每一篇的主要内容，激发学生的学习兴趣。

★ 育人目标：明确每篇的学习方向，提升学生的人文素养。

★ 应知导航：概括每一课需要掌握的知识。

★ 知识探究：具体阐述每一课的学习要点。

★ 文化贴士：引导学生树立正确的价值观，培养家国情怀。

★ 知识拓展：补充和深化相关内容，让学生获得更多与普通话相关的知识。

★ 学以致用：提供思考与练习，引导学生通过实践熟练运用所学知识。

★ 素养提升：介绍与语言、汉语、普通话相关的人物、组织的故事，让学生开拓眼界，树立文化自信。

在本书编写的过程中，编者参阅了大量文献资料，在此对这些文献资料的著作者表示真诚的感谢。由于编者水平有限，书中难免存在不足之处，敬请专家和广大读者批评指正！

编　者

2023 年 5 月

目 录
CONTENTS

应用篇

附　录

参考文献

概述篇

　　普通话是一种重要的语言交际工具，正确熟练地运用普通话能让当代青年在自我发展、服务大众时如虎添翼，能为年轻人走出家门、走向成功铺就坦途。

育人目标 ▼

1. 了解普通话的来源和历史，激发学生的文化自信。
2. 了解国家制定的有关普通话的法律法规，培养学生的制度自信。

第一课　普通话与现代汉语

应知导航

1. 了解普通话的定义。
2. 了解现代汉语的基本情况。
3. 了解推广普通话的意义、方针和政策。

知识探究

　　普通话是我国的国家通用语言，是现代汉语的规范语言。

　　"普通话"这个词早在清末就出现了。1906年，研究切音字的学者朱文熊在《江苏新字母》一书中，把汉语分为"国文"（文言文）、"普通话"和"俗语"（方言）。朱文熊在书中注明，普通话是"各省通用之话。"这为普通话的概念做了初步诠释。

一、普通话的定义

　　"普通话"的定义在新中国成立以前的几十年中一直是不明确的，存在不同的说法。1955年10月召开的"全国文字改革会议"和"现代汉语规范问题学术会议"将汉民族共同语的名称正式定为"普通话"，同时给普通话下了定义，即"以北京语音为标准音，以北方话为基础方言"。

1955 年 10 月 26 日，《人民日报》发表题为《为促进汉字改革、推广普通话、实现汉语规范化而努力》的社论。文中提到，汉民族共同语就是以北方话为基础方言、以北京语音为标准音的普通话。1956 年 2 月 6 日，国务院发布《关于推广普通话的指示》，指出普通话"以北京语音为标准音、以北方话为基础方言、以典范的现代白话文著作为语法规范"。这个定义从语音、词汇、语法 3 个方面对普通话做了说明，更加科学周密。

1. 以北京语音为标准音

"以北京语音为标准音"是指普通话采用北京话的语音系统，但不包括北京话中的土音、土语成分和不必要的轻声、儿化音，因为它们会给普通话的推广带来许多麻烦。从 1956 年开始，国家对普通话的字音进行了多次审订，制定了标准读音。

2. 以北方话为基础方言

"以北方话为基础方言"是指普通话以通行于广大北方方言区的词语为词汇规范的标准。"北方话"的适用范围包括整个东北、华北、西北、除西藏自治区以外的西南地区，山东省、河南省、湖北省以及江苏省、安徽省的大部分地区。普通话摒弃了北方话中的土语，因而使其他方言区的人也能听懂。普通话所选择的词汇，一般都是流行较广且早已用于书面的词语。2004 年，国家语言文字工作委员会组织编写的《现代汉语规范词典》出版，这进一步规范了普通话词汇。

3. 以典范的现代白话文著作为语法规范

"以典范的现代白话文著作为语法规范"是指普通话以现代经典作家的白话文著作为书面语应用的典范。其包括 4 个方面的意思："典范"是指排除不典范的现代白话文著作；"白话文"是指排除文言文；"现代白话文"是指排除五四运动之前的早期白话文；"著作"是指普通话的书面形式，它建立在口语基础上，但又不等同于一般的口语，而是经过加工、提炼的语言。

二、现代汉语

汉语是汉民族的语言，现代汉语就是现代汉民族的语言。汉语历史悠久。早在殷商时代，汉语就已具有非常完备的文字体系。这一文字体系经历了古代汉语（先秦时期）、中古汉语（汉唐时期）、近代汉语（元明清时期），不断演变，到五四运动之后，现代汉语形成，至今仍在沿用。汉语是世界上历史最悠久的语言之一。

现代汉语具有如下特点。

1. 语音方面

（1）元音占优势。汉语音节中可以没有辅音，但是一定要有元音。元音、辅音的概念请分别参看本书知识篇第二课声母、第三课韵母的相关内容。

（2）音节结构比较整齐，没有两三个辅音连在一起的现象，也就是说没有复辅音。

（3）每一个音节都有一个声调。声调使汉语语音有了高低升降的变化，因而增强了韵律性。

2. 词汇方面

（1）双音节词占优势。古汉语中常见的单音节词在历史发展过程中逐渐向双音节词转化，如"眼睛"代替了"目"等。新造词也多为双音节词，如"冰箱"等。

（2）由于汉语的音节是语义的主要承担者，因此汉语语素还是以单音节为基本形式。这些大量存在的单音节可以独立构词，也可以组合起来构词。

3. 语法方面

（1）语序和虚词是表达语法意义的主要手段。例如，"她学习不太好"和"她学习太不好"语序不同，表达的意义就不一样。

（2）词、短语和句子的结构原则基本一致。词、短语和句子都有主谓、动宾、补充、偏正和联合5种基本的语法结构关系。例如，"买书""锻炼身体""不要动我的东西"都是动宾结构。

（3）词的类别和句子成分的关系比较复杂，不是简单的对应关系，同一类词可以充当多种句子成分。例如，名词既可以充当主语，又可以充当宾语。

（4）量词十分丰富，如"个""张""辆""头"等。这为方言区的人们学习普通话设置了一些障碍。量词的规范也是普通话词汇规范的重要内容。

（5）存在大量的语气词，如"吧""吗""呢"等，它们表示不同的语气。

三、现代汉语方言

现代汉语除规范语言（即普通话）外还有方言。从语言学发展的角度讲，普通话和方言处在相互融合、不断发展的过程中，方言在语音、词汇方面逐渐向普通话靠拢，普通话也不断从方言中吸纳词语，丰富自身。我国地域广阔、人口众多，因此方言的情况也比较复杂。

根据教育部发布的《中国语言文字概况（2021年版）》，我国的方言通常分为十大方言区，即官话方言、晋方言、吴方言、闽方言、客家方言、粤方言、湘方言、赣方言、徽方言和平话土话。在复杂的方言区内，还可以再划分出若干方言片（又称"次方言区"），甚至还可以再划分出方言小片，具体到某市、某县等地点的方言就称为"地点方言"，如长沙话等。

1. 官话方言

官话方言又称"北方话"，以北京话为代表，是现代汉民族共同语的基础方言，是通行地区最广的汉语方言。北京话、天津话、东北话、西安话以及南方的成都话等都是官话方言的代表。

官话方言分为东北官话、北京官话、冀鲁官话、胶辽官话、中原官话、兰银官话、江淮官话、西南官话八种次方言区。

（1）东北官话。东北官话主要分布于黑龙江、吉林绝大部分地区、辽宁部分地区、内蒙古东部和河北东北部。

（2）北京官话。北京官话又称华北官话，主要分布于北京、河北北部和内蒙古中部，可分为京师、怀承、朝峰、石克四片。

（3）冀鲁官话。冀鲁官话主要分布于河北大部、天津、山东北部和西北部，以及北京市平谷区、山西广灵县、内蒙古宁城县。冀鲁官话是除东北官话外，与北京官话最接近的官话。

（4）胶辽官话。胶辽官话主要分布于山东省的胶东半岛、辽宁省的辽东半岛和鸭绿江下游地带及江苏省的赣榆县。胶辽官话内分登连片、青州片（青莱片）和盖桓片（营通片）。

（5）中原官话。中原官话的分布以河南、陕西关中、山东南部为中心，覆及山东、河北、河南、山西、安徽、陕西、甘肃、宁夏、青海、新疆。根据2012年的《中国语言地图集（第2版）》，中原官话一共分为郑开、洛襄、兖菏、漯项、商阜、关中、南鲁、秦陇、陇中、南疆十片。

（6）兰银官话。兰银官话主要分布于甘肃（兰州及周边、河西走廊）、宁夏中北部、新疆北部，分为四片：金城（兰州古称）片、银吴片、河西片、新疆北疆片。

（7）江淮官话。江淮官话分布于今江苏和安徽的大部、湖北局部、江西部分地区等地。江淮官话自东向西分为通泰片、洪巢片、黄孝片。

（8）西南官话。西南官话是流行于中国西南部四川、重庆、贵州、云南、湖北，以及邻近的广西北部、湖南西部、陕西南部的主要语言，在老挝、越南等地也有部分华人使用。《中国语言地图集（第2版）》将西南官话分为十二片，其通常也可按照地域分为四川话、重庆话、贵州话、云南话、桂柳话、湖北话等。

2. 晋方言

晋方言是中国北方唯一的一个非官话方言，以太原话（已分化成新老两派）和吕梁话为代表。通行区域东起太行山、西近贺兰山、北抵阴山、南至黄河汾渭河谷，是中华文明的重要发源地。

晋方言的主要使用地区有山西省、内蒙古中西部、陕西北部、河南黄河以北大部、河北西部。晋方言发源于黄土高原，地理环境相对封闭，是造成晋语在北方较为独特的原因。

3. 吴方言

吴方言又称"江浙话"或"江南话"，典型的吴方言以苏州话为代表。其中，安徽西南部受赣方言影响，浙江南部保留了较多古代百越话的特征，以致不能和作为典型吴方言的太湖片吴方言通话。吴方言通行地域主要是江苏省长江以南、镇江以东，南通小部分，上海及浙江大部分地区。

4. 闽方言

闽方言又称"福建话"，也称"闽语"。闽方言分布在福建、海南两省的大部分地区和广东东部潮汕地区、雷州半岛部分地区、浙江东南部、广西的少数地区以及台湾部分地区。由于闽方言的内部区别比较大，通常分为闽南方言（以厦门话为代表）、闽北方言、闽东方言（以福州话为代表）、莆仙方言和闽中方言，其中以闽南方言最具影响力。闽方言是所有方言中唯一不完全与中古汉语韵书存在直接对应关系的方言。

5. 客家方言

客家方言又称"客家话"或"客语"，以广东梅县话为代表。客家方言在中国南方的客家人中广泛使用，包括广东东部和北部、福建西部、江西南部、广西东南部等地。虽然客家方言是一种南方方言，但它是在北方人移民南下的过程中形成的，因而保留了一些中古中原话的特点。使用客家方言的人大多集中生活在广东梅州地区，海外华人及华侨中也有部分人说客家方言。客家方言是早期北方移民后裔的语言，带有较多唐代以前的北方话特征。

6. 粤方言

粤方言又称"粤语"或"广东话"，以广州话为代表，在广东、香港、澳门等地被广泛使用（海外华人中也有部分人说粤方言）。粤方言是汉语中声调最复杂的方言之一，同时也是保留中古汉语最完整的方言之一。

7. 湘方言

湘方言又称"湖南话"，也称"湘语"，主要分布于湖南，广西、四川也有少量分布。湘方言内部通常分为老湘语和新湘语两类。老湘语广泛流行于湖南中部宁乡、衡阳等地；新湘语流行于长沙、株洲等大中城市，新湘语更接近于北方话。湘方言以长沙话（新）及双峰话（老）为代表。

8. 赣方言

赣方言又称"江西话""赣语"或"溪语"，以南昌话为代表，通行于江西大部分地区以及安徽西南部、湖南部分县市。因历史上北方汉人南迁多从江西中转，加之地理上与江淮方言区、湘方言区、客家方言区接壤，就使江西边缘地区深受其他方言影响，也导致赣方言自身特点被淡化。

9. 徽方言

徽方言，又称徽州话，是中原汉语向江南传播过程中，先后形成吴方言、赣方言等，然后又融合了古徽州土著语言而形成的一种独特方言。徽方言，主要分布于皖、浙、赣三省交界之地，包括安徽省旧徽州府地（含婺源）、浙江旧严州府地（今淳安县）与建德市、江西旧饶州府地（今德兴县与浮梁县）。《中国语言地图集（第 2 版）》将徽方言分为绩歙、休黟、祁婺、旌占、严州 5 片。

10. 平话土话

平话主要分布在广西地区铁路、河流等交通线附近的城市郊区、集镇和农村，城区一般没有集中的分布（只有个别小城市例外，如宾阳城内多数人说平话）。以桂林市郊县、永福县，南宁市郊县说平话的居民较为集中。从灵川县沿铁路到南宁市、横县，以及邕江上游、右江沿岸，沿途水陆交通要道附近，都散居着说平话的居民，湖南与广西毗连的道县、宁远、蓝山和通道侗族自治县等十多个县的集镇和部分农村也有分布。此外，在云南文山壮族苗族自治州的富宁县等地也有一部分人使用平话。

土话是指在某一区域的郊区和农村流传使用的语言，其发音与城市标准音差别很大。土话一般只在同类人群中使用，而在公共场合人们常用标准发音交流。

在以上各大方言中，闽方言、粤方言与普通话的差别最大，其次是吴方言，湘方言、赣方言、客家方言等与普通话的差别较小。由此看来，推广普通话任重而道远。

四、大力推广普通话

1. 推广普通话的意义

在新时期推广普通话，主要有以下几个方面的意义。

（1）语言文字是人们的交往工具、思维工具，是维系社会存在和发展的基本要素，它服务于社会的经济、政治、文化生活，并随着经济、社会的发展而发展。我国幅员辽阔，方言多而复杂，在不同方言区，人们之间的交际存在困难。这对社会的正常交往也有一定程度的影响，甚至影响到不同地区的经济、文化的发展。推广普通话，可以减少人们之间的交际困难，有利于社会的交往，有利于地区经济的发展，有利于国家的安定和统一。

（2）随着社会的发展、科学技术的进步，人们对普通话的要求也越来越高。当今社会是信息社会，语言文字是主要的信息载体。计算机处理的信息内容绝大多数是语言文字，包括计算机语言的输入和语言识别等。规范化的语言文字是信息产业发展的前提。普通话的推广可以为信息产业的发展提供便利的条件，也可以为人们日常的学习和工作带来便利。

（3）随着我国市场经济的发展和综合国力的增强，东西交流、南北交往日益频繁，我国与世界的交往也日益增多，我国通用语言文字的使用在国际上也日益频繁。汉语已成为联合国6种工作语言之一，是中外交流的重要工具。进一步推广普通话，可以减少语言交际的困难，促进国际交往。我国已经实施汉语国际化推广战略，目前已在全球建立数百所宣传汉文化、教授汉语的孔子学院。大力推广普通话，不但是经济建设和文明创建活动的需要，也是维护国家主权和民族尊严的需要。

2. 推广普通话的方针和政策

为适应改革开放和社会发展的需要，使语言文字工作更好地为经济建设服务，国家于 1986 年把推广普通话列为新时期语言文字工作的首要任务，1992 年将推广普通话的方针由原来的"大力提倡，重点推行，逐步普及"调整为"大力推行，积极普及，逐步提高"。新的方针在强化政府行为、扩大普及范围、提高全民普通话应用水平方面提出了更高的要求。

为了更加有效地推广普通话，提高全社会的普通话水平，中央有关部门做出决定，对一定范围内的岗位人员进行普通话水平测试。从 1955 年起，我国逐步实行按普通话水平测试结果颁发普通话等级证书的制度。测试的对象包括县级及以上广播员、节目主持人、普通话教师、影视演员及有关院校的毕业生；中小学教师、师范院校教师和毕业生。上述人员应达到相应的要求：前者应达到一级水平，后者应达到一级或二级水平。我国逐步实行了持普通话等级证书上岗制度，成立了国家普通话水平测试委员会，负责领导各地普通话水平测试工作，指导各地按照《普通话水平测试实施办法（试行）》和《普通话水平测试等级标准（试行）》的规定开展工作。

1994 年，国家语言文字工作委员会、国家教育委员会、广播电影电视部联合发布《关于开展普通话水平测试工作的决定》。同年，国家有关部门编制印发了《普通话水平测试大纲》。此后，普通话水平测试标准和测试规定相继发布。1999 年至 2001 年，教育部、人事部、铁道部、最高人民检察院、文化部、国家邮政局、信息产业部等先后发出通知，要求本部门工作人员参加普通话培训和普通话水平测试，并将测试结果与职工上岗资格挂钩。2004 年，教育部、国家语言文字工作委员会印发新修订的《普通话水平测试大纲》。

2001 年 1 月 1 日起施行的《国家通用语言文字法》第十九条规定："凡以普通话作为工作语言的岗位，其工作人员应当具备说普通话的能力。以普通话作为工作语言的播音员、节目主持人和影视话剧演员、教师、国家机关工作人员的普通话水平，应当分别达到国家规定的等级标准；对尚未达到国家规定的普通话等级标准的，分别情况进行培训。"第二十四条规定："国务院语言文字工作部门颁布普通话水平测试等级标准。"这是我国历史上"测试等级标准"的概念第一次进入法律的范畴。现在普通话水平测试已经成为普通话水平的重要检验方式，普通话等级证书得到了广泛的认可，普通话也得到了有效的推广。

2022 年 1 月 1 日起，新修订的《普通话水平测试管理规定》施行。国家大力推行普通话，同时也规定各民族语言平等，各族人民都有使用自己民族语言的自由。在处理普通话与方言的关系上，一方面，规定公民应普遍具备说普通话的能力，并在必要的场合自觉使用普通话；另一方面，承认方言在一定场合具有自身的价值，推行普通话并不是消灭方言。

五、认真学习普通话

各种方言与普通话的差别有大有小，不同方言区的人学习普通话的难易程度也不尽相同。目前，受广播电视等传媒的影响，大中城市的年轻人多数会说比较标准或带些方言色彩的普通话。如果有较好的语言环境，他们就会在学习和生活中使用普通话；如果语言环境不理想，他们可能使用双语，即在学校和正式场合使用普通话，在家庭或日常生活中使用方言。来自边远或欠发达地区的学生，由于缺少良好的语言环境，少部分人根本不会说普通话，多数人可以说，但说得生硬、不自然，方言色彩浓重。当然，他们中也可能有少数先天条件或环境条件优越的人可以说较标准的普通话。

每个人学习说普通话的基础不同，学习目标也应当有一定的区别。

1. 普通话基础较好的

普通话基础较好的人应当在认真学习普通话有关理论的基础上，学习一些发声、朗读、演讲方面的知识和技巧；提高、锤炼普通话口语，注意分辨和纠正日常用语中的方言词汇。这部分人存在的主要问题是：翘舌声母发音不准（卷舌动作稍大或稍小），j组声母的舌位偏前，单元音 [ɑ] 的舌位偏后或偏高，复合元音动程不足。

2. 普通话基础一般的

普通话基础一般的人通过学习尽量去除语音中的方言色彩，能用基本规范的普通话流畅地朗读文章，口语自然连贯。这部分人存在的主要问题是：平翘舌基本不分，存在齿间音、鼻化元音，复合元音无动程，个别声调不能准确把握。

3. 普通话基础较差的

普通话基础较差的人要从头学起，勇于练习，勤于练习，坚持不懈。如果有教师进行耐心细致、有针对性的辅导，他们中的大多数人经过几个月的学习之后，也能说一口比较标准的普通话。

知识拓展

新中国成立以来，普通话从推广到普及经历了几个重要阶段。

第一个重要阶段：20 世纪 50 年代，国务院发布《关于推广普通话的指示》，确定了"普通话"的名称，确定了"大力提倡，重点推行，逐步普及"的推广普通话的方针，确定了文字改革的任务是"简化汉字，推广普通话，制定和推行汉语拼音方案"。这一时期颁布了《汉语拼音方案》。20 世纪 50 年代的开创性建设工作，带来了 20 世纪 60 年代推广普通话工作的繁荣和全国上下学习普通话的热潮，这是推广普通话工作的第一个黄金时期。

第二个重要阶段：1982 年修改《宪法》时，在第十九条中明确规定"国家推广全国通用的普通话"，确定了普通话的法定地位。从此，推广普通话，推行简化汉字，走上了法制建设道路。1986年，全国语言文字工作会议明确提出，20世纪内努力做到：第一，各级各类学校使用普通话教学，普通话成为教学语言；第二，各级各类机关进行工作时一般使用普通话，普通话成为工作语言；第三，广播（县以上）、电影、电视、话剧使用普通话，普通话成为宣传语言；第四，不同方言区的人在公共场合的交往中基本使用普通话，普通话成为交际语言。20世纪90年代初，推广普通话的方针由20世纪50年代的"大力提倡，重点推行，逐步普及"调整为"大力推行，积极普及，逐步提高"。

第三个重要阶段：1994年10月30日，国家语言文字工作委员会、国家教育委员会和广播电影电视部联合发布《关于开展普通话水平测试工作的决定》，要求对各级各类学校教师、播音员、主持人、师范院校学生等岗位人员进行普通话水平等级测试，并实施教师、播音员、主持人持普通话等级证书上岗制度。之后，这一要求逐步扩展到其他服务行业和外国留学生中。这是落实"逐步提高"的手段，也是使普通话考核与国际接轨、使普通话走向世界、使汉语逐渐成为世界强势语言的重大举措。这个时期，国务院批准确定了自1998年起每年9月的第3周为"全国推广普通话宣传周"。1997年12月，全国语言文字工作会议提出了跨世纪的推广普通话工作目标：2010年以前，普通话在全国范围内初步普及，交际中的方言隔阂基本消除，受过中等或中等以上教育的公民具备普通话的应用能力，并在必要场合自觉使用普通话，与口语表达关系密切行业的工作人员，其普通话水平达到相应的要求；21世纪中叶以前，普通话在全国范围内普及，交际中没有方言隔阂，国民普遍具备普通话应用能力，并在必要场合自觉使用普通话。20世纪90年代是我国推广普通话工作的又一个黄金时期。

第四个重要阶段：2001年1月1日开始施行《国家通用语言文字法》。该法体现了国家语言文字工作的方针和政策，科学地总结了自中华人民共和国成立以来开展语言文字工作的经验、教训，反映了人民的呼声、时代的呼唤。这部专门法确定了普通话和规范汉字作为国家通用语言文字的法律地位，标志着中华人民共和国语言文字法制建设取得了突破性进展。这部专门法的施行，对我国社会主义市场经济建设，以及加入世界贸易组织、走向世界，起到了积极的促进作用。

第五个重要阶段：2020年9月14日，国务院办公厅发布的《国务院办公厅关于全面加强新时代语言文字工作的意见》提出"坚定不移推广普及国家通用语言文字"；2021年11月11日，中国共产党第十九届中央委员会第六次全体会议审议通过的《中共中央关于党的百年奋斗重大成就和历史经验的决议》提出"全面推行国家通用语言文字教育教学"；2022年10月，党的二十大提出，要加大国家通用语言文字推广力度，这为新时代新征程大力推广和全面普及国家通用语言文字提供了根本遵循和行动指南。

第二课 如何学好普通话

应知导航

1. 掌握学好普通话的基本方法。
2. 养成学习普通话的良好习惯，提升普通话的应用能力。

知识探究

学好普通话不是一件轻松的事，但学说普通话有一定的规律可循，只要敢于说，坚持说，并掌握一些基本方法，就一定会越说越标准，越说越流利。

一、掌握普通话的基础知识

理论是实践的指南，学习普通话，一定要注意掌握普通话的基础知识。

1. 语音方面

普通话的语音标准是非常明确的。对于读音不统一的字来说，普通话审音委员会公布的最新材料给这些汉字确定的读音是唯一标准，任何其他读音在这一材料公布之后都是不规范的。所以，要注意及时学习这方面的最新材料，跟上语音规范化的步伐。

微课

掌握学好普通话的主要环节

2. 词汇方面

普通话的词汇一般以北方方言中比较通行的词语为标准。例如，对于"玉米""棒子""苞米"这些表示同一事物的不同名称，普通话选用通用的"玉米"，舍弃了其他不通用的名称。适当吸收一些有生命力的方言词、古语词、外来词,可以丰富和发展普通话词汇,如"垃圾""逝世""诞辰""沙发""咖啡"等。

二、掌握学好普通话的主要环节

方言与普通话的区别主要表现在语音方面,所以语音学习是普通话学习的主要环节。

1. 学好发音

在正确方法(如教学音频、电视讲座等)的指导下,要发准每一个声母、韵母、声调,拼读好音节,读准音变;要反复模仿练习,力求发音准确,腔调圆润。这是学好普通话的基本功。

2. 记住每个常用汉字的规范读音

有规律可循的汉字可依规律成批记忆,如利用形声字声旁类推的办法来记。声旁相同的字,绝大部分读音相同或相近,可进行对比类推。例如,"违"(wéi)、"围"(wéi)、"苇"(wěi)、"伟"(wěi)、"纬"(wěi),声旁都是"韦",所以音节都是 wei。这样进行对比类推,一记就是一串,而且容易记牢。形声字占汉字的绝大多数,所以这种方法用处很大。但要注意,形声字中已有 70% 不能用它的声旁准确表示现在的字音了,因此,完全按声旁来读字音在不少情况下是错误的。

无规律可循的汉字应依托具体的语言环境进行记忆。心理学原理告诉我们,人对事物的记忆是以组块为单位进行的,所以识记汉字最有效的办法是在具体的语言环境中进行环境记忆。

(1)掌握整个词、词组、句子的标准读音,在这样的语言环境中记住其中每个字的标准音,如"万水千山"(wànshuǐ-qiānshān)等。

(2)用普通话标准音熟读并背会一些古今中外的名篇佳作(如范仲淹的《岳阳楼记》、朱自清的《春》等),以及富有思想性、知识性、趣味性的材料(如名人名言、绕口令等),可以有效地帮助自己长时间记住其中每个字的标准音,同时也能提高自身修养,一举两得。

(3)在能够正确辨别音节的声、韵、调的基础上,经常听音频,看新闻节目,听语音纯正的人说话,用这些手段为自己创造一个学习普通话的环境。

3. 循序渐进地进行普通话语音及发声练习

学习普通话是一个循序渐进的过程,绝不会一蹴而就。学习语言,最重要的就是多练习,坚持不懈地练习,以加强和巩固自己对正确规范的语音和正确的发声方法的印象。练习普通话语音时,先从单音节字、双音节词开始,找出自己语音不规范的地方,然后找出原因,纠正读音,不断巩固练习,再加大练习的难度。例如,把易混的字词放在一起做练习,把自己发音中的难点字音放到句子里、文章里去做练习,不断提升自己正确发音的能力。只有坚持

12

不懈地进行大量反复的练习，才能纠正不规范的发音及不良的发声习惯，使正确规范的语音、语调及科学的用声习惯不断得到巩固，使普通话水平不断提高。

三、努力营造学习普通话的氛围

学习一种语言，如果能够在特定的语言环境中学习，就相对比较容易。在一定的语言环境中，学习者不断地受到这种语言的影响、刺激，不断地巩固和加强这种语言的表达能力，也就能更快地掌握这门语言。普通话的学习也是如此。学习者要想为自己营造一个学习普通话的语言环境应做到以下几点。

1. 多听

例如，每天早上一起床，就把可以收听电台的手机 App 调到中央人民广播电台，收听《新闻和报纸摘要》节目，这个节目主持人的普通话语音比较标准，语言表达也很规范。另外，还可以收看中央电视台的《新闻联播》节目等。在普通话学习的入门阶段，多听普通话语音及表达都非常规范的新闻类节目，对提高普通话语感很有帮助。

2. 多练

学习者可以准备一个小录音机或用手机录音功能，经常做录音练习，然后通过听录音来检查自己的语音是否正确，音色是否动听，并和规范的读音做比较，以便发现问题，进而及时解决问题。

3. 多交流

学习者可以和普通话比较标准的人多交流，以提升自己的语言表达能力，不断提升自己的听辨能力，进而提高自己的普通话水平。

总而言之，学习普通话，只记一些概念、规则是远远不够的，重要的是在理解知识、掌握方法的基础上，全面地进行听、说、读、记的训练，养成勤于动脑记、动口练、动耳听、动手查的良好学习习惯，从而切实地增强自己的口语表达能力，练就一口标准、流利的普通话。

知识拓展

《汉语拼音方案》

《汉语拼音方案》是用拉丁字母来拼写普通话的方案。它由中国文字改革委员会（现改名为"国家语言文字工作委员会"）制定，经第一届全国人民代表大会第五次会议批准，于 1958 年 2 月 11 日公布推行。

《汉语拼音方案》的主要用途是给汉字注音和普通话教学。

《汉语拼音方案》的内容包括字母表、声母表、韵母表、声调符号和隔音符号 5 个部分。

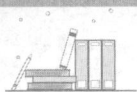

下面简要地介绍一下《汉语拼音方案》的几个用途。

1．给汉字注音

1958年《汉语拼音方案》公布后，我国的字典、词典、小学语文课本等都用拼音字母注音，只要学习过拼音方案，掌握了声母、韵母和声调的发音，认读汉字就不成问题。这给全国人民的文化学习和对外国人的汉语教学提供了极大的方便。

2．普通话教学

《汉语拼音方案》是根据北京音系制定的，使用它能准确地拼读普通话。按拼音读出的音就是普通话语音，所以，《汉语拼音方案》是普通话教学的良好工具。它还可以用来编写普通话教材和拼音读物，这给小学教育、成人识字教育和外国人的汉语教学等带来很大的益处。

3．其他方面的应用

《汉语拼音方案》可以用来音译人名、地名和科学术语，可以用来编制索引、制作商店的招牌等。

学以致用

1．试读下列单音节字词。

换 戳 告 蹄 庄 陕 控 娃 段 百 瞥 递 添 壤 究 群 法 残 裂 宣 耳 瞎

2．试读下列多音节词语。

背后 特别 冲刷 战略 农民 胆固醇 浅显 加速 藏身 疲倦 恰好 夸张 配套 扎实 所有制

3．请用普通话读下列句子。

国家推广全国通用的普通话。

正确使用祖国的语言文字，大力推广普通话。

树立语言规范意识，提高民族文化素质。

学习普通话，为现代化建设营造良好的语言环境。

说普通话，迎四方宾客；用文明语，送一片真情。

说普通话，写规范字。

宣传贯彻《国家通用语言文字法》，大力推广普通话，促进语言文字规范化。

普通话——情感的纽带、沟通的桥梁。

实现顺畅交流，构建和谐社会。

构建和谐语言生活，弘扬中华优秀文化。

构建和谐语言生活，营造共有精神家园。

热爱祖国语言文字，构建和谐语言生活。

乡约·相通
——大学生推广普通话志愿服务活动

"乡约·相通——大学生推广普通话志愿服务活动"由江苏师范大学于2018年开始组织实施。活动聚焦大面积连片民族地区，以大学生志愿者为主体，面向青壮年农牧民、学前儿童等群体推广普通话。

活动将学术研究与实践服务相结合，为提升青壮年农牧民等群体的语言能力持续发力。截至2022年，主办方共组织大学生志愿者近1000人次深入原三区三州19个国家级贫困县143个贫困村开展"推普"服务，入户调研6000余名群众。志愿者借助自编教材《最简实用普通话100句》，累计开展7000多个课时的普通话教学，帮助1000余人掌握外出务工所需要的基本普通话，助力青壮年群众通过外出务工摆脱贫困。

团队设计了新型快速双语教学方法（协同教学、同伴学习等），极大提高了不懂汉语的少数民族同胞学习普通话的兴趣与效率；制定了验收方案，对学习者的普通话成果进行验收。

该活动获得广泛的社会关注，被《人民日报》《光明日报》及中央广播电视总台《新闻联播》《朝闻天下》等节目报道；获共青团中央等部门举办的第五届中国青年志愿服务项目大赛金奖，共青团中央、教育部等部门举办的第十七届全国大学生"挑战杯"红色专项赛全国特等奖，第十六届全国大学生"挑战杯"全国二等奖。

实践团成员们有感于"推普脱贫"实践中的感人事迹，用镜头、用艺术作品记录下一个个珍贵的故事和感人的瞬间，创作出"推普脱贫攻坚"宣传纪录片、微电影、朗诵作品多部。"推普脱贫攻坚"系列活动极大地激发了学生利用自己所学知识讲好"推普脱贫"的中国故事。

讨论：

"情暖乡村，青力青为"，志愿者们在履行大力推广普通话责任的同时，让更多城镇乡村的同胞打破了交流障碍与隔阂，促进偏远山区的发展，也谱写了自己的青春之歌，讲好了中国故事。对于他们的事迹，你有什么感悟？

知识篇

要想说一口流利的普通话，首先需要了解普通话的一些基础知识。这些知识能帮助我们更快、更好地掌握普通话。

了解现代汉民族共同语言——普通话，激发学生的民族自豪感。

第一课　语音概述

应知导航

1. 了解语音的性质。
2. 明确语音的基本概念。
3. 掌握普通话的语音系统。

知识探究

一、语音的性质

语音是人类的发音器官发出的、负载语义信息的声音。语音、词汇和语法构成了语言的 3 要素。其中，语音是语言的物质外壳，是语义的载体。语音的性质可以从物理性质、生理性质和社会性质 3 个方面来考察。

（一）物理性质

语音和自然界的一切声音一样，是由物体振动引起的，它具有音高、音强、音长和音色 4 个要素。

1. 音高

音高是指声音的高低。它是由发音体振动的频率来决定的。语音的高低取决于声带振动的频率，即声带每秒钟振动的次数。语音的高低和声带的长短、厚薄、松紧有关。声带如果窄、短、薄，振动频率就高，声音也高；

声带如果长、粗、厚，振动频率就低，声音也低。女性的声带要比男性的声带窄、短、薄，因此一般女性的声音比男性的高。同一个人的声音也有高低的不同，这是因为人有控制声带松紧的能力。在不同的语境下，人可以随时将声带拉紧或者放松，这样声音的高低就不同了。

普通话里的声调就是音高变化的表现。例如，"妈"（mā）、"麻"（má）、"马"（mǎ）、"骂"（mà）的差别，就是由音高决定的。

2. 音强

音强是指声音的强弱。它是由发音体振动幅度的大小决定的。语音的强弱是由呼出的气流的强弱决定的。说话时如果用力大，气流强，声带振动的幅度大，声音就强；反之，说话时如果用力小，气流弱，声带振动的幅度小，声音就弱。在普通话发音中，例如，"自然"（zìrán）（自然界）和"自然"（zìran）（态度不局促），后者的"然"比前者的"然"声音要弱，声音的强弱就造成了同一词的不同意义。

音高和音强的区别可举例说明，如击鼓时用力大小的改变导致声音大小的变化，这属于音强的变化；而击不同的鼓，如大鼓和小鼓，发出声音的差异则属于音高的变化。

3. 音长

音长是指声音持续的长短。它是由发音体振动持续时间的长短决定的。对语音来说，声带振动的持续时间长，声音就长；声带振动的持续时间短，声音就短。普通话里的轻声音节音长就比较短。

在语音中，音高、音强和音长都是相对的，不是绝对的。

4. 音色

音色也叫音质，是声音的品质和特色，即一个声音区别于其他声音的基本特征。它是由发音体振动所形成的音波波纹的形式决定的。因为人的发音器官没有完全相同的，人又可以主观控制它，所以每个人的语音都有自己的特色。

影响音色的要素有以下 3 个。

（1）发音体不同。例如，钢琴和鼓的声音不同，是因为其发音体一个是键盘敲击琴弦发声，一个是鼓面振动发声；甲乙两人说同样一句话，听众可以听出不同，这是因为两人的声带等发音体不同。

（2）发音方法不同。例如，同一把小提琴，用琴弓拉和用手指拨发出的声音不同；sh 和 r 的声音不同，是由于 sh 发音时声带不振动，而 r 发音时声带振动。

（3）发音时共鸣器的形状不同。例如，二胡和小提琴都是弦乐器，但是由于共鸣器形状不同，一个是圆柱体，另一个是葫芦体，因此其音色就不同。

任何声音都是音高、音强、音长、音色的统一体，语音也不例外。但是，在不同的语言里，语音这 4 个要素被利用的情况并不完全相同。无论什么语言，音色都是用来区别意义的最重要的要素，其他要素在不同语言里区别意义的作用也不尽相同。在汉语中，除音色以外，音高也十分重要，因为在普通话及各种方言中，声调具有区别意义的作用，而声调就是由音高决定的。

（二）生理性质

语音是人类的发音器官协调运动的结果。发音器官及其活动决定语音的区别。要了解语音的生理性质，必须了解这些发音器官。人类的发音器官包括以下 3 个部分。

1. 呼吸器官

呼吸器官包括肺和气管。呼吸时，肺部所形成的气流是发音的动力。气流通过气管到达喉部，作用于喉头、声带等发声器官，发出不同的声音。

2. 发声器官

发声器官包括喉头和声带。喉头起通道的作用，由甲状软骨、环状软骨和两块勺状软骨组成。声带位于喉头中间，一端附着在甲状软骨上，另一端和两块勺状软骨相连，是两片富有弹性的薄膜，中间是声门，可以打开或闭合，如图 2-1-1（a）所示。当人们呼吸和发噪音时，声门打开，气流可以自由地通过，如图 2-1-1（b）所示；发乐音和说话时声门闭合，两条声带靠近，中间留一条窄缝，气流必须从窄缝中挤出，使声带振动，发出响亮的声音，如图 2-1-1（c）所示。

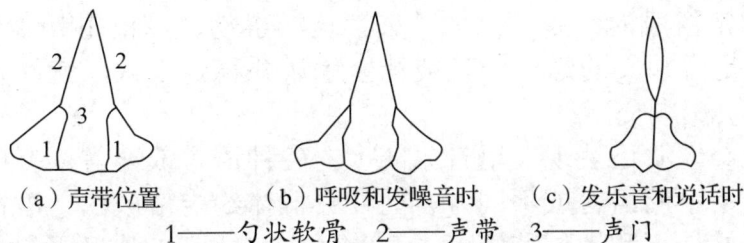

（a）声带位置　　　（b）呼吸和发噪音时　　　（c）发乐音和说话时
1——勺状软骨　2——声带　3——声门
图 2-1-1　声带活动示意图

3. 共鸣器官

共鸣器官包括口腔和鼻腔。声带振动发出音波后，之所以能形成不同的声音，是因为气流在口腔和鼻腔会产生各种共鸣。口腔的结构较为复杂，可以分为唇、齿、腭、舌、小舌等部位，如图 2-1-2 所示。舌头、软腭、上下唇都活动频繁，硬腭、上下齿等部分不能活动，但在舌头和它们相接触的各种活动中，也可以产生许多不同的声音。气流在口腔活动产生共鸣而发出的声音称为"口音"。鼻腔是起共鸣作用的固定腔体，连接它和口腔的软腭和小舌都可以上下移动。当软腭和小舌向上移动时，气流通过口腔，产生共鸣而发出口音；当软腭和小舌向下移动时，气流通过口腔的通道被挡住，改从鼻腔通过，产生共鸣而呼出，此时的声音称为"鼻音"。

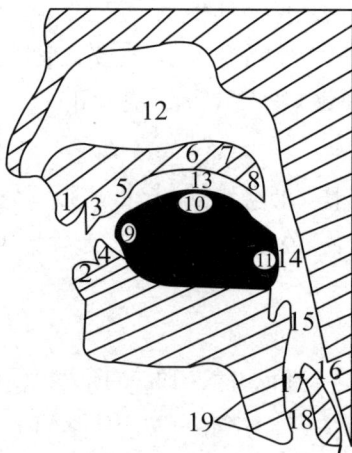

1——上唇	2——下唇	3——上齿	4——下齿	5——齿龈	6——硬腭	7——软腭
8——小舌	9——舌尖	10——舌面	11——舌根	12——鼻腔	13——口腔
14——咽头	15——会厌	16——食道	17——气管	18——声带	19——喉头

图 2-1-2　发音器官示意图

（三）社会性质

语言是人类社会的交际工具，作为其表现形式的语音也必然具有社会性质。语音承载了社会赋予的内容，它和所指的事物、所表达的概念之间无必然的联系，完全是社会约定俗成的结果。例如"火"这一事物，英语用 fire 表示，普通话读作 huǒ。但是音和义的结合一旦被社会承认并稳定下来，就不允许个人随便改动，不然就会影响交际。

语音的社会性质还表现在语音系统上。各种语言或方言都有自己的语音系统，这是由使用不同语言或不同方言的社会群体约定俗成的。语音的社会性质主要表现为民族特征和地域特征。语音的民族特征可以从汉语和其他语言的比较中显示出来。例如，汉语语音中有送气和不送气的区分，它具有区分意义的作用，如 bō（波）和 pō（泼）；英语中虽然也有送气和不送气的区分，但这种区分并不具有区分意义的作用。这样的区别在普通话和方言中也很明显，例如在很多地区，z 和 zh、c 和 ch、s 和 sh 是不分的，"陈"（chén）和"岑"（cén）的发音误念为相同的，而在普通话中两者的区分是很清楚的。

二、语音的基本概念

（一）音素

音素是从音质的角度切分出来的最小的语音单位。它是从语音表达和听感上不能再细分的成分。汉语的音节可以由一个音素构成，如 a（阿）、e（鹅）；也可以由两个音素构成，如 an（安）、

微课

语音的基本概念

ou（欧）；还可以由 3 个或 4 个音素构成，如 bao（包）、nian（年）。

例如，"图"（tú）、"书"（shū）、"馆"（guǎn）中的 t、u、sh、g、a、n 都是不能再细分的最小的音，这样的音就是最小的语音单位，也就是音素。普通话语音共有 32 个音素，可以分成元音和辅音两大类。

1. 元音

元音，也称"母音"。发音时，气流通过声门，声带振动，发音器官的其他部位不形成任何阻碍，呼出的气流畅通无阻，发音器官的各部分保持均衡状态，气流较弱，如 u、a、i。普通话语音中有 10 个元音音素。

2. 辅音

辅音，也称"子音"。发音时，气流通过声门，声带通常不振动，气流在口腔里受到发音器官的各种阻碍，气流通过阻碍才能发出声音，气流较强，如 b、t、p。普通话语音中有 22 个辅音音素。

（二）音节

音节是语音的自然单位，是听觉上能够自然分辨的最小语音片段。人说话的时候，发音器官的肌肉总是一紧一松地运动，从而在人的听感上形成一个个语音片段。这种语音片段是人的听觉最容易感受到的，也是人最容易发出的。通常一个汉字就是一个音节，如"大力推广普通话"有 7 个音节。普通话的音节一般由声母、韵母和声调 3 部分组成，如 dà（大）是由声母 d、韵母 a 和去声组成的。在汉语中，一个音节写下来就是一个汉字，如"我是中国人"5 个音节写下来就是 5 个汉字。有极少的情况例外，如"一下儿"这 3 个字念出来实际上是两个音节，"下儿"是一个音节，念 xiàr。

三、普通话的语音系统

（一）声母、韵母

根据汉语音韵学传统的分析，一个音节开头的部分通常称为"声母"，一个音节中声母后面的部分通常称为"韵母"。

普通话语音中共有 22 个声母，其中有 21 个辅音声母（b、p、m、f、d、t、n、l、g、k、h、j、q、x、zh、ch、sh、r、z、c、s，辅音 ng 只能用作鼻韵母的韵尾，不能充当声母），1 个零声母。

普通话语音中有 39 个韵母。韵母可以分成 3 个部分，即韵头、韵腹和韵尾。构成韵母的元音中开口度最大、声音最响亮的那个叫作韵腹，韵腹前面的元音是韵头，韵腹后面的元音或辅音是韵尾。1 个韵母可以没有韵头或韵尾，但是不能没有韵腹。

表 2-1-1、表 2-1-2、表 2-1-3 分别是《汉语拼音方案》中的字母表、声母表和韵母表。

表 2-1-1　字母表

字母	Aa	Bb	Cc	Dd	Ee	Ff	Gg
名称	ㄚ	ㄅㄝ	ㄘㄝ	ㄉㄝ	ㄜ	ㄝㄈ	ㄍㄝ
字母	Hh	Ii	Jj	Kk	Ll	Mm	Nn
名称	ㄏㄚ	ㄧ	ㄐㄧㄝ	ㄎㄝ	ㄝㄌ	ㄝㄇ	ㄋㄝ
字母	Oo	Pp	Qq	Rr	Ss	Tt	
名称	ㄛ	ㄆㄝ	ㄑㄧㄡ	ㄚㄦ	ㄝㄙ	ㄊㄝ	
字母	Uu	Vv	Ww	Xx	Yy	Zz	
名称	ㄨ	ㄪㄝ	ㄨㄚ	ㄒㄧ	ㄧㄚ	ㄗㄝ	

V 只用来拼写外来语、少数民族语言和方言。

字母的手写体依照拉丁字母的一般书写习惯。

表 2-1-2　声母表

b	p	m	f	d	t	n	l
ㄅ玻	ㄆ坡	ㄇ摸	ㄈ佛	ㄉ得	ㄊ特	ㄋ讷	ㄌ勒
g	k	h	j	q	x		
ㄍ哥	ㄎ科	ㄏ喝	ㄐ基	ㄑ欺	ㄒ希		
zh	ch	sh	r	z	c	s	
ㄓ知	ㄔ蚩	ㄕ诗	ㄖ日	ㄗ资	ㄘ雌	ㄙ思	

在给汉字注音的时候，为了使拼式简短，zh ch sh 可以省作 ẑ ĉ ŝ。

表 2-1-3　韵母表

			i ㄧ　衣		u ㄨ　乌		ü ㄩ　迂	
a ㄚ	啊	ia ㄧㄚ	呀	ua ㄨㄚ	蛙		
o ㄛ	喔			uo ㄨㄛ	窝		
e ㄜ	鹅	ie ㄧㄝ	耶			üe ㄩㄝ	约
ai ㄞ	哀			uai ㄨㄞ	歪		
ei ㄟ	欸			uei ㄨㄟ	威		
ao ㄠ	熬	iao ㄧㄠ	腰				

续表

ou ㄡ 欧	iou 丨ㄡ 忧		
an ㄢ 安	ian 丨ㄢ 烟	uan ㄨㄢ 弯	üan ㄩㄢ 冤
en ㄣ 恩	in 丨ㄣ 因	uen ㄨㄣ 温	ün ㄩㄣ 晕
ang ㄤ 昂	iang 丨ㄤ 央	uang ㄨㄤ 汪	
eng ㄥ 亨的韵母	ing 丨ㄥ 英	ueng ㄨㄥ 翁	
ong （ㄨㄥ） 轰的韵母	iong ㄩㄥ 雍		

注：除表中韵母外，还有 er、-i（前）、-i（后）ê。

（1）"知、蚩、诗、日、资、雌、思" 7 个音节的韵母用 i，即：知、蚩、诗、日、资、雌、思等字拼作 zhi、chi、shi、ri、zi、ci、si。

（2）韵母儿写成 er，用作韵尾的时候写成 r。例如："儿童" 拼作 ertong，"花儿" 拼作 huar。

（3）韵母ㄝ单用的时候写成 ê。

（4）i 行的韵母，前面没有声母的时候，写成 yi（衣）、ya（呀）、ye（耶）、yao（腰）、you（忧）、yan（烟）、yin（因）、yang（央）、ying（英）、yong（雍）。

u 行的韵母，前面没有声母的时候，写成 wu（乌）、wa（蛙）、wo（窝）、wai（歪）、wei（威）、wan（弯）、wen（温）、wang（汪）、weng（翁）。

ü 行的韵母，前面没有声母的时候，写成 yu（迂）、yue（约）、yuan（冤）、yun（晕）；ü 上两点省略。

ü 行的韵母跟声母 j、q、x 拼的时候，写成 ju（居）、qu（区）、xu（虚），ü 上两点也省略；但是跟声母 n、l 拼的时候，仍然写成 nü（女）、lü（吕）。

（5）iou、uei、uen 前面加声母的时候，写成 iu、ui、un，例如 niu（牛）、gui（归）、lun（论）。

（6）在给汉字注音的时候，为了使拼式简短，ng 可以省作 ŋ。

（二）声调

声调是音节的高低升降形式，它是由音高决定的。汉语是有声调的语言。声调是构成汉语音节的一个要素，每个音节除声母和韵母外，还要有一个声调。声调具有区别意义的作用，如随着声调的变化，hua 的意义就完全不同，可以是 huā（花），也可以是 huá（华）、huà（化）。所以，声调是音节非常重要的构成成分，一个音节没有标上声调，这个音节就毫无意义。

普通话中共有阴平、阳平、上声和去声 4 个声调。

阴平	阳平	上声	去声
ˉ	ˊ	ˇ	ˋ

声调符号标在音节的主要母音上，轻声不标，例如：

妈 mā	麻 má	马 mǎ	骂 mà	吗 ma
（阴平）	（阳平）	（上声）	（去声）	（轻声）

（三）隔音符号

a，o，e 开头的音节连接在其他音节后面的时候，如果音节的界限发生混淆，用隔音符号（'）隔开，例如：pí'ǎo（皮袄）。

知识拓展

普通话语音的特点

（1）有声调。普通话最突出的特点就是有声调。普通话的每个音节都有 1 个声调，声调不同，意义就不同。声调使音节之间界限分明，并具有韵律美。

（2）元音占优势。除个别音节外，普通话音节中一定有元音，最少 1 个，最多 3 个。一般来说，1 个音节如果只有 1 个音素，那么这个音素就是元音，如 "é"（鹅）、"ā"（啊）等音节。由于元音占优势，因此普通话中元音的成分多，听起来响亮悦耳。

（3）没有复辅音。普通话中有的音节没有辅音，如 "ài"（爱）、"yā"（鸭）等音节。在有辅音的音节中，辅音最多不超过 2 个，1 个出现在音节的开头充当声母，1 个出现在音节的末尾充当韵尾，如 "zhuān"（专）、"nián"（年）等，因为中间始终有元音充当的韵腹存在，所以普通话中没有 1 个音节内部有 2 个或更多辅音相连的复辅音。

学以致用

1. 拉长音节慢读下列词语，体会发音器官在发音中的作用。

自私　机器　知识（体会舌头的移动变化）

寓意　演员　抑郁（体会嘴唇的圆展变化）

阿姨　大地　爬坡（体会开口度大小的变化）

2. 慢读下列词语，体会音节发声过程中发音器官的松紧变化。

只言片语　自言自语　风言风语　少言寡语　豪言壮语　三言两语

3. 比较下列音节的读音，体会声母、韵母、声调的辨义作用。

扒　趴　妈　发（体会声母的作用）

答　德　敌　独（体会韵母的作用）

郭　国　裹　过（体会声调的作用）

第二课　声　母

1. 掌握 21 个辅音声母的发音。
2. 区分鼻音与边音。
3. 区分唇齿音与舌根音。
4. 区分翘舌音与平舌音。

一、声母概述

声母是汉语音节中开头的辅音部分。普通话的辅音声母一共有 21 个。如果音节的开头不是辅音，就叫它"零声母音节"。

（一）声母的发音

学习声母，必须要了解声母的发音部位和发音方法。

1. 声母的发音部位

发音部位是指发音时，气流受到阻碍的位置。按发音部位，普通话声母可以分为以下 7 类。

（1）双唇音：由上下唇阻碍气流而形成的音，有 3 个，分别是 b、p、m，如 bǎobèi（宝贝）、píngpàn（评判）、mǎnmiàn（满面）。

（2）唇齿音：由上齿和下唇接近，阻碍气流而形成的音，只有 1 个 f，如 fāngfǎ（方法）。

（3）舌尖前音：由舌尖抵住或接近上门齿背阻碍气流而形成的音，有 3 个，分别是 z、c、s，如 zàizuò（在座）、cáncún（残存）、sèsù（色素）。

（4）舌尖中音：由舌尖抵住上齿龈阻碍气流而形成的音，有 4 个，分别是 d、t、n、l，如 dàodé（道德）、tǎntè（忐忑）、nǎonù（恼怒）、lǐlùn（理论）。

（5）舌尖后音：由舌尖抵住或接近硬腭前部阻碍气流而形成的音，有 4 个，分别是 zh、ch、sh、r，如 zhǎnzhuǎn（辗转）、chūchāi（出差）、shēngshū（生疏）、réngrán（仍然）。

（6）舌面音：由舌面前部抵住或接近硬腭前部阻碍气流而形成的音，又称"舌面前音"，有 3 个，分别是 j、q、x，如 jījí（积极）、qíqiǎo（奇巧）、xiǎoxīn（小心）。

（7）舌根音：由舌面后部抵住或接近软腭阻碍气流而形成的音，又称为"舌面后音"，有3个，分别是 g、k、h，如 gāoguì（高贵）、kēkè（苛刻）、huānhū（欢呼）。

2. 声母的发音方法

发音器官在口腔里形成阻碍的方式不相同，气流通过时克服阻碍的方法也不一样，一般把辅音发音时发音器官形成阻碍和气流克服阻碍的方法叫作"发音方法"。我们可以从阻碍方式、气流强弱和声带振动与否3个方面来分析声母的发音方法。

（1）阻碍方式。辅音的发音过程一般可以分为3个阶段：构成阻碍阶段（成阻）、阻碍持续阶段（持阻）和阻碍解除阶段（除阻）。据此，普通话声母可以分为塞音、擦音、塞擦音、鼻音和边音5类，如表2-2-1所示。

表2-2-1　普通话声母分类

发音方法			发音部位					
			双唇	唇齿根	舌尖前	舌尖中	舌尖后	舌面	舌根
塞音	不送气	清	b			d			g
	送气	清	p			t			k
擦音		清		f	s		sh	x	h
		浊					r		
塞擦音	不送气	清			z		zh	j	
	送气	清			c		ch	q	
鼻音		浊	m			n			(ng)
边音		浊				l			

具体发音方法如下。

① 塞音：塞音又称"爆破音"，发音时阻碍气流的两个部位完全闭塞，挡住气流，然后又突然放开，气流冲破阻碍，爆发成音。塞音有 b、p、d、t、g、k。

② 擦音：发音时两个发音部位彼此靠拢，留出一条窄缝，气流从窄缝中冲出，摩擦成声。擦音有 f、s、sh、r、x、h。

③ 塞擦音：发音时阻碍气流的部位先完全闭塞，挡住气流，然后打开形成窄缝，气流从窄缝中摩擦而出，这种发音方法可以视为塞音和擦音两种方法的结合。塞擦音有 z、c、zh、ch、j、q。

④ 鼻音：发音时，口腔中的发音部位完全闭塞，软腭下降，气流从鼻腔通过，并振动声带。鼻音有 m 和 n。

⑤ 边音：发音时舌尖抵住上齿龈，形成阻碍，然后舌尖的两边松弛下垂，声带振动，气流从舌尖两边流出。边音只有一个 l。

（2）气流强弱。普通话声母中塞音、塞擦音发音时，口腔呼出的气流比较强的叫作送气音，有 p、t、k、c、ch、q；口腔呼出的气流比较弱的叫作不送气音，有 b、d、g、z、zh、j。

（3）声带振动与否。发音时声带振动的是浊音，声带不振动的是清音。浊音有 r、m、n、l；清音有 b、p、f、z、c、s、d、t、zh、ch、sh、j、q、x、g、k、h。

（二）声母的本音和名称音（呼读音）

普通话语音的声母多数是由清辅音充当的，它们的本音不响亮，不容易听清楚，为了教学的方便，《汉语拼音方案》根据注音字母的传统读音，在声母的后面加上一个响亮的元音来呼读，这就是声母的名称音，又叫作"呼读音"。

（1）b、p、m、f 加元音 o，呼读音为 bo、po、mo、fo。

（2）d、t、n、l 加元音 e，呼读音为 de、te、ne、le。

（3）g、k、h 加元音 e，呼读音为 ge、ke、he。

（4）zh、ch、sh、r 加元音 -i（后），呼读音为 zhi、chi、shi、ri。

（5）z、c、s 加元音 -i（前），呼读音为 zi、ci、si。

（6）j、q、x 加元音 i，呼读音为 ji、qi、xi。

（三）声母发声要领

1. 双唇音 b、p、m

双唇音共有 3 个。例如，"爸爸""婆婆""妈妈"3 个词的声母分别是 b、p、m，它们的发音都有一个共同点，即先双唇紧闭，然后积蓄气流。b 和 p 在除去阻碍时气流从口腔中出来，它们的区别在于是否送气，b 在除去阻碍时气流较弱，p 在除去阻碍时气流较强。m 与 b、p 的区别是前者在除去阻碍时气流从鼻腔中出来。

2. 唇齿音 f

普通话语音中只有 1 个唇齿音 f，如"夫妇"一词的声母。f 发音时上齿轻轻接触下唇，不要紧咬，中间留有缝隙，气流从唇齿间的缝隙摩擦而出，声带不振动。

3. 舌尖前音 z、c、s

舌尖前音共有 3 个。例如"藏族""从此""思索"的声母分别是 z、c、s。z 和 c 发音时舌尖平伸，舌尖抵住上齿背，积蓄气流，当气流积蓄到一定程度时，舌尖和上齿背接触的部位松开一条缝隙，气流从缝隙中摩擦而出，声带不振动。z 和 c 的区别在于是否送气，z 在除去阻碍时气流较弱，c 在除去阻碍时气流较强。s 发音时舌尖平伸，舌尖靠近上齿背，中间留缝隙，除去阻碍时气流从缝隙中摩擦而出，声带不振动。

微课

舌尖前音 z、c、s

4. 舌尖中音 d、t、n、l

舌尖中音共有 4 个。例如"等待""天天""牛奶""历历"4 个词的声母分别是 d、t、n、l，它们发音时都是舌尖抵住上齿龈，然后积蓄气流。d 和 t 发音时，当口腔中的气流积蓄到一定程度后，舌尖迅速离开上齿龈，气流从舌尖和上齿龈中间迸发而出。d 和 t 的区别在于是否送气，d 在除去阻碍时气流较弱，t 在除去阻碍时气流较强。发 n 时，气流从鼻腔中出来，声带振动。发 l 时，在舌尖抵住上齿龈的同时，舌头两边要放松，气流从舌头两边出来，声带振动。

5. 舌尖后音 zh、ch、sh、r

舌尖后音共有 4 个。例如"真正""常常""实施""仍然"4个词的声母分别是 zh、ch、sh、r。zh 和 ch 发音时先把舌尖翘起抵住硬腭前部，然后积蓄气流，当气流积蓄到一定程度后，在舌尖和硬腭接触的部位松开一条缝隙，气流从缝隙中摩擦而出，声带不振动。zh 和 ch 的区别在于是否送气，zh 在除去阻碍时气流较弱，ch 在除去阻碍时气流较强。sh 和 r 发音时，舌尖翘起靠近硬腭前部，中间留有缝隙，软腭抬起，堵住鼻腔通道，除去阻碍时气流从缝隙中摩擦而出。sh 和 r 的区别是清浊不同，sh 发音时声带不振动，r 发音时声带振动。

微课
舌尖后音 zh、ch、sh、r

6. 舌面音 j、q、x

舌面音共有 3 个。例如"经济""轻轻""谢谢"3个词的声母分别是 j、q、x。j 和 q 发音时舌尖先放松，舌面前部隆起抵住硬腭前部，然后积蓄气流，当气流积蓄到一定程度后，在舌面和硬腭互相接触的部位松开一条缝隙，气流从这条缝隙中摩擦而出，声带不振动。j 和 q 的区别在于是否送气，j 在除去阻碍时气流较弱，q 在除去阻碍时气流较强。x 发音时舌尖先放松，舌面前部隆起靠近硬腭前部，中间留有缝隙，软腭抬起，堵住鼻腔通道，除去阻碍时气流从缝隙中摩擦而出，声带不振动。

7. 舌根音 g、k、h

舌根音共有 3 个。例如"哥哥""苛刻""缓缓"3个词的声母分别是 g、k、h。g 和 k 发音时都是舌头后缩，舌根隆起接触软腭，然后积蓄气流，当气流积蓄到一定程度后，舌根迅速离开软腭，气流从舌根和软腭之间迸发而出，声带不振动。g 和 k 的区别在于是否送气，g 在除去阻碍时气流较弱，k 在除去阻碍时气流较强。h 发音时舌头先后缩，舌根隆起与软腭靠近，中间留有缝隙，除去阻碍时气流从舌根与软腭之间的缝隙中摩擦而出，声带不振动。

（四）零声母

在普通话语音里有一些音节没有声母，只有韵母独立构成音节，这些音节可以分为以下 4 类。

（1）韵母 i 或以 i 开头的韵母自成音节，如 yī（衣）、yá（芽）、yǎng（仰）等。

（2）韵母 u 或以 u 开头的韵母自成音节，如 wū（屋）、wèi（胃）、wǎng（网）等。

（3）韵母 ü 或以 ü 开头的韵母自成音节，如 yú（鱼）、yuàn（院）、yùn（韵）等。

（4）没有 i、u、ü 开头的韵母自成音节，如 ài（爱）、ān（安）、è（饿）等。

通过练习可以发现，它们开头的部分往往有一点轻微的摩擦成分，这些轻微的摩擦音不具备元音的发音特点，也不同于辅音，一般用半元音来描述，表示这些音节前面还有一个类似声母的成分，可以称为"零声母"。一般认为普通话语音除 21 个辅音声母之外还有 1 个零声母。

二、声母辨正

（一）读准 z、c、s 和 zh、ch、sh

在很多方言区中，"粗布"（cūbù）和"初步"（chūbù）、"散光"（sǎnguāng）和"闪光"（shǎnguāng）、"深林"（shēnlín）和"森林"（sēnlín）是分不清楚的。

微 课

读准 z、c、s 和 zh、ch、sh

在通常情况下，因为 zh、ch、sh 发音时舌尖向上翘起，所以称为"翘舌音"；而 z、c、s 发音时舌尖平伸，所以称为"平舌音"。要区分两者，首先要熟悉它们各自的发声要领。发 zh、ch、sh 音时，舌尖要翘起来，对准（抵住或接近）硬腭前部；发 z、c、s 音时，舌尖平伸，对准（抵住或接近）上齿背。

注意区分下列词语。

从来—重来　　五岁—午睡　　资助—支柱　　栽花—摘花　　木材—木柴

稍微注意一下，上述词语的区别还是很明显的，容易读错的还有"哨所""自制""生死""自尊""查处""上司""财产""磁场""职责"等词语。

除了注意两组词语发音的区别，我们还可以利用一些规律来识别和记忆。首先，可以利用汉字结构关系来帮助记忆，如在"宗"构成的"棕""踪""粽""崇"等字中，除"崇"是翘舌音外，其余都是平舌音。其次，可以借助声韵配合规律来帮助记忆，如和 ua、uai、uang 相拼的"抓""刷""帅""庄""窗"等字都是翘舌音，没有平舌音。

1. 读音训练

振作 zhènzuò	正宗 zhèngzōng	赈灾 zhènzāi
沼泽 zhǎozé	杂志 zázhì	栽种 zāizhòng
差错 chācuò	陈醋 chéncù	成材 chéngcái
除草 chúcǎo	财产 cáichǎn	采茶 cǎichá
寿司 shòusī	哨所 shàosuǒ	生死 shēngsǐ
散失 sànshī	扫射 sǎoshè	宿舍 sùshè

2. 辨音训练

自（zì）愿—志（zhì）愿　　　　　　鱼刺（cì）—鱼翅（chì）

私（sī）人—诗（shī）人　　　　　　粗（cū）布—初（chū）步

姿（zī）势—知（zhī）识　　　　　　宗（zōng）旨—中（zhōng）止

近似（sì）—近视（shì）　　　　搜（sōu）集—收（shōu）集

增（zēng）订—征（zhēng）订　　支（zhī）援—资（zī）源

主（zhǔ）力—阻（zǔ）力　　　　商（shāng）业—桑（sāng）叶

申诉（sù）—申述（shù）　　　　八成（chéng）—八层（céng）

树（shù）立—肃（sù）立

3. 绕口令

桃子李子梨子栗子橘子柿子槟子榛子，栽满院子村子和寨子。刀子斧子锯子凿子刨子尺子，做出桌子椅子和箱子。名词动词数词量词代词副词助词连词，组成语词诗词和唱词。蚕丝生丝熟丝缫丝染丝晒丝纺丝织丝，自制粗丝细丝人造丝。

（二）读准 n 和 l

在普通话中，n 和 l 有严格的区分，在很多方言区中却存在不同程度的混淆，如湘方言、赣方言、闽方言及西南方言等。要区分两者，首先要熟记它们各自的发音要领。

微课

读准n和l

n 发音时，舌尖抵住上齿龈，软腭下降，打开鼻腔通路，声带振动，气流从鼻腔通过，如"牛奶""男女"等。

l 发音时，舌尖抵住上齿龈，软腭上升，阻塞鼻腔通路，声带振动，气流从舌头两边通过，如"理论""嘹亮"等。

还可以用捏鼻孔的方法来区分，如果捏住鼻孔发音困难的就是 n 音，发音并不感觉困难的就是 l 音。

1. 读音训练

牛奶 niúnǎi　　　　恼怒 nǎonù　　　　农奴 nóngnú　　　　奶奶 nǎinai

力量 lìliàng　　　　流利 liúlì　　　　利率 lìlǜ　　　　　努力 nǔlì

能力 nénglì　　　　老年 lǎonián　　　辽宁 Liáoníng　　　哪里 nǎlǐ

理念 lǐniàn

2. 辨音训练

南宁（Nánníng）—兰陵（Lánlíng）　　难（nán）住—拦（lán）住

恼怒（nǎonù）—老路（lǎolù）　　　　牛（niú）黄—硫（liú）黄

蓝（lán）布—南（nán）部　　　　　　水牛（niú）—水流（liú）

烂泥（ní）—烂梨（lí）　　　　　　　褴褛（lánlǚ）—男女（nánnǚ）

3. 绕口令

南边来了两队篮球运动员，男运动员穿了蓝球衣，女运动员穿了绿球衣。不怕累，不怕难，男女运动员努力练投篮。

（三）读准 r

声母 r 发音上常见的问题有以下几类。

第一，把要翘舌的 r 读成了平舌音。

第二，把 r 读成了 l。

第三，把 r 开头的音节读成以 i 或 ü 开头的声母音节。

1. 读音训练

仍然 réngrán	容忍 róngrěn	软弱 ruǎnruò	柔软 róuruǎn
扰乱 rǎoluàn	人类 rénlèi	蜡染 làrǎn	冷热 lěngrè
任用 rènyòng	日晕 rìyùn	炎热 yánrè	妖娆 yāoráo

2. 辨音训练

柔（róu）道—楼（lóu）道 　　　　扰（rǎo）人—老（lǎo）人

燃（rán）料—颜（yán）料 　　　　日（rì）历—毅（yì）力

3. 绕口令

（1）老饶下班去染布，染出布来做棉裤。楼口儿有人拦住路，只许出来不许入。如若急着做棉裤，明日上午送来布。离开染店去买肉，回家热锅炖豆腐。

（2）小姚绕小桥，小桥绕小姚。桥绕小姚绕，绕桥绕小姚。小姚小桥绕，绕桥小姚笑。

（四）读准 f 和 h

f 和 h 在很多方言区中都有混淆。厦门话把普通话语音中 f 声母的字，读成其他声母；上海浦东话则把普通话语音中一部分 f 声母的字，读成 h 声母；重庆话把普通话语音中一部分 h 声母的字，读成 f 声母；还有 f、h 两读的，如长沙话。f、h 混淆情况相当复杂。f 和 h 相混的原因在于读 f 时抬高了舌根，读 h 时唇齿参与了发音。不少 f 和 h 不分的人单念 f 或 h 时很正确，只是在读词语、句子时，因为发音动作来不及转换而发生相混现象，这在读绕口令时尤其突出。为了读准 f 和 h，要有意识地把两者放在一起练习，锻炼发音器官的灵活性。

f 和 h 都是清擦音，f 是上齿和下唇形成阻碍，h 是舌面后部和软腭形成阻碍。

发 f 音时，轻咬下唇，下唇向上门齿靠拢，形成间隙；软腭上升，关闭鼻腔通路，声带不颤动，气流从唇齿形成的间隙里摩擦通过声。

发 h 音时，舌根抬高，接近软腭，形成窄缝，气流从缝中挤出，摩擦成音。

南方有些方言没有 f 这个声母，普通话的 f 在闽方言中多数发成 b、p 或 h，湘方言有些地区把 f 读成 hu，而粤方言则相反，把普通话里一些读 h 的字（大多是和 u 结合的字，如"虎 hǔ""花 huā"）也发作 f。

1. 读音训练

发话 fāhuà	后悔 hòuhuǐ	符合 fúhé	繁华 fánhuá
化肥 huàféi	后方 hòufāng	花粉 huāfěn	辉煌 huīhuáng
混纺 hùnfǎng	奋发 fènfā	反悔 fǎnhuǐ	含混 hánhùn

2. 辨音训练

附（fù）注—互（hù）助 　　　　防（fáng）止—黄（huáng）纸

舅父（fù）—救护（hù） 　　　　复（fù）员—互（hù）援

开发（fā）—开花（huā） 　　　　废（fèi）话—绘（huì）画

黄昏（hūn）—黄蜂（fēng）   幅（fú）度—弧（hú）度

3. 绕口令

（1）黑化肥发灰，灰化肥发黑。黑化肥发灰会挥发，灰化肥挥发会发黑。

（2）粉红墙上画凤凰，凤凰画在粉红墙。红凤凰，粉凤凰，红粉凤凰，花凤凰。红凤凰，黄凤凰，红粉凤凰，粉红凤凰，花粉花凤凰。

（五）零声母

零声母音节是无辅音声母音节，但由于受到有辅音声母音节的影响，往往在开头元音的前面加上辅音。训练时要注意把元音前的舌根音去掉，开口就发元音。

1. 读音训练

阿姨 āyí	安稳 ānwěn	昂扬 ángyáng	藕粉 ǒufěn
呕吐 ǒutù	额外 éwài	而已 éryǐ	恩怨 ēnyuàn
游玩 yóuwán	烟雾 yānwù	婉约 wǎnyuē	无疑 wúyí
文物 wénwù	永远 yǒngyuǎn	运营 yùnyíng	愿望 yuànwàng

2. 辨音训练

海岸（àn）—海难（nàn）   爱（ài）心—耐（nài）心

文（wén）风—门（mén）风   每晚（wǎn）—美满（mǎn）

日（rì）本—译（yì）本   染（rǎn）病—眼（yǎn）病

3. 绕口令

（1）我是我，鹅是鹅。我不是鹅，鹅不是我。鹅肚饿，我喂鹅。我爱鹅，鹅亲我。

（2）树下有群大白鹅，树上有只小八哥。白鹅说，小八哥，快唱歌；八哥说，大白鹅，快下河，下河一起来唱歌。

（六）读准 j、q、x

在一些方言区中，人们常常把 j、q、x 发成 z、c、s，将声母 j、q、x 与 i、ü 相拼的音发成 z、c、s 与 i、ü 相拼的音。产生这种错误的主要原因在于人们在发音时成阻、除阻的部位太靠近舌尖，发出的音带有舌尖音的感觉。

1. 辨正练习

简介 jiǎnjiè	将军 jiāngjūn	积极 jījí	家具 jiājù
渐进 jiànjìn	侵权 qīnquán	祈求 qíqiú	细小 xìxiǎo
选秀 xuǎnxiù	休闲 xiūxián	想象 xiǎngxiàng	缉私 jīsī
集资 jízī	其次 qícì	下策 xiàcè	戏词 xìcí

2. 绕口令

稀奇稀奇真稀奇，麻雀踩死老母鸡，气球碰坏大机器，蚯蚓身长七丈七，蚂蚁身长三尺六，八十岁的老头儿躺在摇篮里。

（七）读准清声母和浊声母

清声母发音时声带不振动，浊声母发音时声带要振动。普通话里只有m、n、l、r这4个浊声母，而吴方言和湘方言的部分地区除了m、n、l、r，还有浊塞音、浊擦音和浊塞擦音声母。这些方言区的人学习普通话时，要把这些浊声母改成发音部位相同的清声母；声调是平声的，要改成送气清声母，如p、t、k、q、ch、c等；声调是仄声的，要改成不送气的清声母，如b、d、g、j、zh、z等。

1. 辨正练习

童话 tónghuà　　动画 dònghuà　　评价 píngjià　　病假 bìngjià
厨房 chúfáng　　住房 zhùfáng　　水田 shuǐtián　　水电 shuǐdiàn
逼迫 bīpò　　　　车站 chēzhàn　　查证 cházhèng　　特定 tèdìng

2. 绕口令

（1）八百标兵奔北坡，北坡炮兵并排跑。炮兵怕把标兵碰，标兵怕碰炮兵炮。
（2）青葡萄，紫葡萄，青葡萄没紫葡萄紫。吃葡萄不吐葡萄皮，不吃葡萄倒吐葡萄皮。

知识拓展

说明：表中的①②③④分别指阴平、阳平、上声和去声4种声调。
（1）声母zh、ch、sh和z、c、s常用字辨音字表（见表2-2-2至表2-2-4）。

表 2-2-2　声母 zh、z 常用字辨音字表

	zh	z
a	①扎（驻～）渣②闸铡扎（挣～）札（信～）③眨④乍炸榨蚱栅	①扎（包～）匝②杂砸
e	①遮②折哲辙③者④蔗浙这	②泽择责则
u	①朱珠株蛛诸猪②竹烛逐③主煮嘱④注蛀住柱驻贮祝铸筑箸	①租②族足卒③组阻祖
-i	①之芝支枝肢知蜘汁只织脂②直植殖值执职③止址趾旨指纸只④至室致志治质帜挚掷秩置滞制智稚痔	①兹滋孳姿咨资孜龇缁辎③子仔籽梓滓紫④字自恣渍
ai	①摘斋②宅③窄④寨债	①灾哉栽③宰载④再在载（～重）
ei		②贼
ao	①昭招朝②着③找爪沼④召照赵兆罩	①遭糟②凿③早枣澡④造皂灶躁燥
ou	①州洲舟周粥②轴③帚肘④宙昼咒骤皱	①邹③走④奏揍
ua	①抓	

	zh	z
uo	①桌捉拙②卓着酌灼浊镯啄琢	①作（～坊）②昨③左④坐座作柞做
ui	①追锥④缀赘坠	③嘴④最罪醉
an	①沾毡粘③盏展斩④占战站栈绽蘸	①簪②咱③攒④赞暂
en	①贞侦祯桢真③诊疹枕缜④振震阵镇	③怎
ang	①张章樟彰③长掌涨④丈仗杖帐账涨瘴障	①赃脏（肮～）④葬藏脏
eng	①正（～月）征争睁挣筝③整拯④正政症证郑	①曾憎增缯④赠
ong	①中盅忠钟衷终③肿种（～子）④中（打～）种（～植）仲重众	①宗踪棕综鬃③总④纵粽
uan	①专砖③转④传转（～动）撰篆赚	①钻（～研）③纂④钻（～石）
un	③准	①尊遵
uang	①庄桩装妆④壮状撞	

表 2-2-3 声母 ch、c 常用字辨音字表

	ch	c
a	①叉杈插差（～别）②茶搽查察③衩④岔诧差（～劲）杈（树～）	①擦嚓
e	①车③扯④彻撤掣	④册策厕侧测
u	①出初②除厨橱锄蹰刍雏③楚础杵储处（～分）④畜触矗处	①粗④卒猝促（仓～）醋簇
-i	①吃痴嗤②池弛迟持匙③尺齿耻侈豉④斥炽翅赤叱	①疵差（参～）②雌辞词祠瓷慈磁③此④次伺刺赐
ai	①差拆钗②柴豺	①猜②才财材裁③采彩踩④菜蔡
ao	①抄钞超②朝潮嘲巢③吵炒	①操糙②曹漕嘈槽③草
ou	①抽②仇筹踌绸稠酬愁③瞅丑④臭	④凑
uo	①踔戳④绰（～号）惬辍啜	①搓蹉撮④措错挫锉
uai	③揣④踹	
ui	①吹炊②垂锤捶槌	①崔催摧④萃悴淬翠粹瘁脆
an	①搀掺②蝉禅谗馋潺缠蟾③铲产阐④忏颤	①餐参②蚕残惭③惨④灿
en	①琛嗔②辰晨宸沉忱陈臣④趁衬称（相～）	①参（～差）②岑
ang	①昌猖娼伥②常嫦尝偿场肠长③厂场敞④倡唱畅怅	①仓苍舱沧②藏
eng	①称撑②成诚城盛（～水）呈程承乘澄橙惩③逞骋④秤	②曾层④蹭

续表

	ch	c
ong	①充冲春②重虫崇③宠④冲（～压）	①匆葱囱聪②从丛淙
uan	①川穿②船传椽③喘④串钏	①蹿④窜篡
un	①春椿②唇纯淳醇③蠢	①村②存③忖④寸
uang	①窗疮创（～伤）②床③闯④创（～造）	

表 2-2-4　声母 sh、s 常用字辨音字表

	sh	s
a	①沙纱砂痧杀杉③傻④煞厦（大～）	①撒③洒撒（～种）④卅萨飒
e	①奢赊②舌蛇③舍（～弃）④社舍射麝设摄涉赦	④塞（～责）瑟啬穑（稼～）色（～彩）涩
u	①书梳疏蔬舒殊叔淑输抒纾枢②孰熟塾赎③暑署薯曙鼠数属黍④树竖术述束漱恕数	①苏酥②俗④素塑诉肃粟宿速
-i	①尸师狮失施诗湿虱②十什拾石时识实食蚀③史使驶始屎矢④世势誓逝市示事是视室适饰士恃式试拭轼弑	①司私思斯丝鸶③死④四肆似寺
ai	①筛④晒	①腮鳃塞④塞（要～）赛
ao	①捎稍艄烧②勺芍杓韶③少（多～）④少（～年）哨绍邵	①臊骚搔③扫（～除）嫂④扫（～帚）臊（害～）
ou	①收②熟③手首守④受授寿售兽瘦	①溲嗖飕搜艘馊③叟擞④嗽
ua	①刷③耍	
uo	①说④硕烁朔	①缩娑蓑梭唆③所锁琐索
uai	①衰③甩④帅率蟀	
ui	②谁③水④税睡	①虽尿（～脬）②绥隋随③髓④岁碎穗隧燧遂
an	①山舢删衫珊姗跚③闪陕④扇善膳缮擅赡	①三叁③伞散（～文）④散
en	①申伸呻身深参（人～）②神③沈审婶④慎肾甚渗	①森
ang	①商墒伤③晌垧赏④上尚	①桑丧（～事）③嗓④丧
eng	①生牲笙甥升声②绳③省④圣胜盛剩	①僧
ong		①松③悚④送宋颂诵
uan	①闩拴栓④涮	①酸④算蒜
un	④顺	①孙③笋损
uang	①双霜③爽	

（2）声母 n、l、r 常用字辨音字表（见表 2-2-5）。

表 2-2-5　声母 n、l、r 常用字辨音字表

	n	l	r
a	①那（姓）②拿③哪④那纳呐捺钠	①拉啦垃邋③喇④辣剌瘌蜡腊落	
ai	③乃奶④奈耐	②来④赖癞	
an	②难男南楠④难	②兰栏篮蓝婪阑谰③懒览揽榄缆④烂滥	②然燃③染
ang	②囊	①啷②狼郎廊榔螂琅③朗④浪	③嚷④让
ao	②挠蛲铙③脑恼④闹	①捞②劳痨牢③老姥④涝烙酪	②饶③扰④绕
e	呢（轻声）	④勒乐了（轻声）	③惹④热
ei	③馁④内那	①勒②雷擂镭③累（～进）垒偭蕾④累类泪肋	
en	④嫩		②人仁③忍④认任纫
eng	②能	②棱③冷④愣	①扔②仍
i	②尼泥呢霓③你拟④腻匿溺逆	②离篱璃厘狸黎犁梨蜊③礼里理鲤李④粒例立力历沥荔丽	④日
ia		③俩	
ian	①蔫拈②年粘鲇黏③撵捻碾④念	②怜连莲联帘廉镰③脸④炼链练恋敛殓	
iang	②娘④酿	②良凉梁粮量③两④亮晾谅辆量	
iao	③鸟袅④尿	①撩②辽疗僚潦燎嘹聊寥③了④料廖	
ie	①捏④聂蹑镊镍孽啮	③咧④列烈裂劣猎冽洌	
in	②您	②邻鳞麟林淋琳临磷③凛檩④吝蔺赁	
ing	②宁拧柠咛凝③拧④宁泞佞拧	②零灵龄伶蛉铃玲羚聆凌陵菱③岭领④令另	
iu	①妞②牛③扭忸纽④拗	①溜②刘流琉硫留榴瘤③柳绺④六馏陆	
ong	②农浓脓④弄	②龙咙聋隆窿③垄拢陇④弄（～堂）	②容溶熔绒戎融
ou		①搂②楼喽耧③搂篓④陋漏露	②柔揉蹂④肉
u	②奴③努④怒	②卢庐炉芦轳颅③卤虏鲁橹④碌陆路赂鹭露（～水）录鹿辘绿（～林）	②如蠕儒③乳辱④入褥
uan	③暖	②滦李③卵④乱	③软
ui			④锐瑞
un		①抡②仑伦沦轮④论	④闰润
uo	②挪④懦诺糯	①捋②罗萝逻箩锣螺骡③裸④落洛络骆	④若偌弱

续表

	n	l	r
ü	③女	②驴 ③吕侣铝旅屡履缕 ④虑滤律率（效~）氯绿	
üe	④虐	④略掠	

（3）声母 f、h 常用字辨音字表（见表 2-2-6）。

表 2-2-6　声母 f、h 常用字辨音字表

	f	h
a	①发②伐阀筏罚乏③法④发	①哈
ai		①咳嗨②还③海④害
an	①帆翻番②烦繁樊凡矾③反返④饭贩泛范犯	①憨酣②寒含函涵③喊罕④汗旱捍焊憾
ang	①方芳②防妨房肪③仿访纺④放	②行航
ao		②豪毫壕③好④耗号好浩
e		①呵喝②核禾和合河何盒荷④贺鹤赫褐
ei	①非菲啡扉飞②肥③斐翡诽匪④沸费废痱肺	①嘿黑
en	①分芬吩纷②坟焚③粉④分份忿粪奋愤	②痕③狠很④恨
eng	①丰封风枫疯峰烽锋蜂②缝③讽④缝奉凤	②横衡④横
ong		①哄（~动）烘轰②红虹鸿洪宏③哄（~骗）④哄（起~）讧（内~）
ou	③否	①齁②喉③吼④厚候后
u	①夫肤麸敷孵②芙扶符弗拂佛伏袱袄孚俘浮幅福辐蝠服③斧釜府俯腑腐甫辅④父付附傅缚复腹馥覆副富赋负妇咐	①呼忽惚②胡湖葫糊蝴弧狐壶③虎唬④户沪护扈
ua		①花哗②划滑华哗铧④化华话画划
uan		①欢②还环寰③缓④患幻涣换唤焕痪
uang		①荒慌②皇凰惶徨蝗黄璜簧③谎晃恍幌④晃（~动）
uai		②槐徊怀准④坏
ui		①灰恢诙挥辉徽②回茴蛔③毁悔④会绘烩海晦惠蕙汇贿讳慧荟
un		①昏阍婚荤②浑混馄魂④混诨
uo		①豁②活③火伙④获祸或惑货霍

学以致用

1. 用普通话朗读下列诗歌。

蜂

〔唐〕罗隐

不论平地与山尖，无限风光尽被占。

采得百花成蜜后，为谁辛苦为谁甜？

绝句

〔唐〕杜甫

两个黄鹂鸣翠柳，一行白鹭上青天。

窗含西岭千秋雪，门泊东吴万里船。

赠汪伦

〔唐〕李白

李白乘舟将欲行，忽闻岸上踏歌声。

桃花潭水深千尺，不及汪伦送我情。

鹿柴

〔唐〕王维

空山不见人，但闻人语响。

返景入深林，复照青苔上。

2. 用普通话朗读短文。

泰山极顶（节选）

杨 朔

泰山极顶看日出，历来被描绘成十分壮观的奇景。有人说：登泰山而看不到日出，就像一出大戏没有戏眼，味儿终究有点寡淡。

我去爬山那天，正赶上个难得的好天，万里长空，云彩丝儿都不见。素常，烟雾腾腾的山头，显得眉目分明。同伴们都欣喜地说："明天早晨准可以看见日出了。"我也是抱着这种想头，爬上山去。

一路从山脚往上爬，细看山景，我觉得挂在眼前的不是五岳独尊的泰山，却像一幅规模惊人的青绿山水画，从下面倒展开来。在画卷中最先露出的是山根底那座明朝建筑岱宗坊，慢慢地便现出王母池、斗母宫、经石峪。山是一层比一层深，一叠比一叠奇，层层叠叠，不知还会有多深多奇。万山丛中，时而点染着极其工细的人物。王母池旁的吕祖殿里有不少尊明塑，塑着吕洞宾等一些人，姿态神情是那样有生气，你看了，不禁会脱口赞叹说："活啦。"

画卷继续展开，绿阴森森的柏洞露面不太久，便来到对松山。两面奇峰对峙着，满山峰都是奇形怪状的老松，年纪怕都有上千岁了，颜色竟那么浓，浓得好像要流下来似的。来到这儿，你不妨权当一次画里的写意人物，坐在路旁的对松亭里，看看山色，听听流水和松涛。

　　一时间，我又觉得自己不仅是在看画卷，却又像是在零零乱乱翻着一卷历史稿本。

第三课　韵　母

应知导航

1. 掌握单元音韵母的发音。
2. 掌握复元音韵母的发音。
3. 掌握鼻韵母的发音。
4. 区分前、后鼻韵母。

知识探究

一、韵母概述

　　韵母是指音节中声母后面的部分，如"话"（huà），h 是声母，ua 是韵母。零声母音节没有声母，全部由韵母组成，如"爱"（ài）没有声母，ai 是韵母。

　　在普通话中，韵母一共有 39 个。韵母和元音并不相同。普通话中的韵母主要由元音组成，完全由元音组成的韵母有 23 个，约占韵母的 59%，由元音加上辅音构成的韵母（鼻韵母）有 16 个，约占韵母的 41%。

　　韵母可以按不同的标准进行分类：根据韵母开头元音的发音口型，可以分为开口呼、齐齿呼、合口呼和撮口呼，合称"四呼"；根据韵母的结构，可以分为单元音韵母、复元音韵母和鼻韵母，如表 2-3-1 所示。

表 2-3-1　普通话韵母总表

	开口呼	齐齿呼	合口呼	撮口呼
单元音韵母	-i（前 / 后）	i	u	ü
	a			
	o			

续表

	开口呼	齐齿呼	合口呼	撮口呼
单元音韵母	e			
	ê			
	er			
复元音韵母		ia	ua	
			uo	
		ie		üe
	ai		uai	
	ei		uei	
	ao	iao		
	ou	iou		
鼻韵母	an	ian	uan	üan
	en	in	uen	ün
	ang	iang	uang	
	eng	ing	ueng	
			ong	iong

（一）四呼

1. 开口呼

开口呼一般指不是 i、u、ü 或不是以 i、u、ü 开头的韵母。开口呼韵母有 a、o、e、ê、er、-i（前）、-i（后）、ai、ei、ao、ou、an、en、ang、eng。

2. 齐齿呼

齐齿呼一般指 i 或以 i 开头的韵母。齐齿呼韵母有 i、ia、ie、iao、iou、ian、in、iang、ing。

3. 合口呼

合口呼一般指 u 或以 u 开头的韵母。合口呼韵母有 u、ua、uo、uai、uei、uan、uen、uang、ueng、ong。

4. 撮口呼

撮口呼一般指 ü 或以 ü 开头的韵母。撮口呼韵母有 ü、üe、üan、ün、iong。

（二）单元音韵母、复元音韵母和鼻韵母

1. 单元音韵母

单元音韵母是指由 1 个元音构成的韵母，简称"单韵母"。根据元音的性质，单元音韵母又可以分为舌面元音单韵母、卷舌元音单韵母和舌尖元音单韵母。

微课

单元音韵母、复元音韵母和鼻韵母

（1）舌面元音单韵母：指由舌面元音构成的单韵母，有 a、o、e、ê、i、u、ü。

（2）卷舌元音单韵母：指由卷舌元音构成的单韵母，只有 er。

（3）舌尖元音单韵母：指由舌尖元音构成的单韵母，有 -i（前）、-i（后）。

2. 复元音韵母

复元音韵母是指由 2 个或 3 个元音构成的韵母，简称"复韵母"，包括 ao、ai、ou、ei、iao、iou、uai、uei、ia、ie、ua、uo、üe。每个复韵母各音素的发音并不完全相同，其中会有一个发音比较响亮的元音，叫作"响元音"。根据响元音在韵母中的位置，复元音韵母又可分为前响复韵母、中响复韵母和后响复韵母。

（1）前响复韵母：指响元音处在最前面的复韵母，有 ao、ai、ou、ei。

（2）中响复韵母：指响元音处在中间的复韵母，有 iao、iou、uai、uei。

（3）后响复韵母：指响元音处在后面的复韵母，有 ia、ie、ua、uo、üe。

3. 鼻韵母

鼻韵母是指带有鼻辅音的复韵母，又叫作"带鼻音韵母"。鼻韵母可以分为前鼻韵母和后鼻韵母。

（1）前鼻韵母：指带舌尖中、浊、鼻音 n 的鼻韵母，有 an、en、ian、in、uan、uen、üan、ün 8 个。

（2）后鼻韵母：指带舌面后、浊、鼻音 ng 的鼻韵母，有 ang、ing、ong、eng、iang、iong、uang、ueng。

（三）韵母的结构

韵母由韵头、韵腹和韵尾组成。韵腹是韵母的主干部分，一般由 a、o、e、ê 充当，i、u、ü、-i（前 / 后）、er 也可以做韵腹。韵头是韵腹前面的元音，介于声母和韵腹之间，也叫作"介音"或"介母"，一般由 i、u、ü 等元音充当。韵尾是韵腹后面的部分，一般由 i、u、n、ng 等元音或辅音充当。韵母一定有韵腹，但不一定有韵头和韵尾。

二、韵母的发音

（一）单元音韵母的发音

单元音韵母发音时舌位和唇形及开口度始终不变。发音时，舌头的某一部分会因紧张而隆起，这个隆起的最高点叫"舌位"。舌位出现在舌面上，这时发出的音叫"舌面元音"。单元音韵母中有 7 个舌面元音：a、o、e、ê、i、u、ü。发音时舌位出现在舌尖上，这时发出的音叫作"舌尖元音"。单元音韵母中有两个舌尖元音：-i（前）、-i（后）。单元音韵母中还有一个特殊的音 er，在发音时要卷舌，所以叫作"卷舌音"。口腔开合的程度叫作"开口度"。舌位可以抬高或降低，开口度可大可小，唇形可圆可不圆。我们可以根据这几种情况来分析单元音韵母的发音，如图 2-3-1 所示。

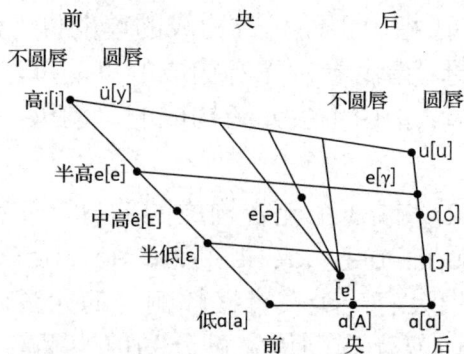

图 2-3-1　舌面元音舌位唇形图

1. ɑ

ɑ 为舌面、低元音，发音时，口自然大开，舌位低，声带振动。例如：

大厦 dàshà　　　　爱戴 àidài　　　　砝码 fǎmǎ　　　　高亢 gāokàng

2. o

o 为舌面、后、半高、圆唇元音，发音时，口半闭，圆唇，舌头后缩，舌尖置于下齿龈后，声带振动。例如：

泼墨 pōmò　　　　馍馍 mómo　　　　婆婆 pópo　　　　磨墨 mómò

3. e

e 为舌面、半高、不圆唇元音，发音时，口半闭，舌头后缩，舌尖置于下齿龈后，声带振动。例如：

特色 tèsè　　　　哥哥 gēge　　　　色泽 sèzé　　　　客车 kèchē

4. ê

ê 为舌面、前、半低、不圆唇元音，发音时，口半开，舌头前伸，舌尖抵住下齿背，声带振动。例如：

告别 gàobié　　　　麻雀 máquè　　　　省略 shěnglüè　　　月夜 yuèyè

5. i

i 为舌面、前、高、不圆唇元音，发音时，口微开，唇形呈扁平状，舌头前伸，舌尖抵住下齿背，声带振动。例如：

急剧 jíjù　　　　利弊 lìbì　　　　奇迹 qíjì　　　　机器 jīqì

6. u

u 为舌面、后、高、圆唇元音，发音时，双唇拢圆，留一小孔，舌头后缩，舌尖置于下齿龈后，声带振动。例如：

朴素 pǔsù　　　　糊涂 hútu　　　　读书 dúshū
祝福 zhùfú

7. ü

ü 为舌面、前、高、圆唇元音，发音时，口微开，唇形拢圆（接

微课

ü 发音

近椭圆），舌头前伸，舌尖抵住下齿背，声带振动。例如：

区域 qūyù	聚居 jùjū	雨具 yǔjù	无语 wúyǔ

8. er

er 为卷舌、央、中、不圆唇元音，发音时，口开，舌头居中央，舌尖向硬腭卷起。例如：

而且 érqiě	偶尔 ǒu'ěr	耳朵 ěrduo	儿童 értóng

9. -i（前）

-i（前）为舌尖、前、高、不圆唇元音，发音时，口微开，舌头前伸，舌尖抵住上齿背。si 的发音拉长，拉长部分即 -i（前）的读音。例如：

自私 zìsī	刺字 cìzì	字词 zìcí	刺死 cìsǐ

10. -i（后）

-i（后）为舌尖、后、高、不圆唇元音，发音时，口微开，舌尖翘起，接近硬腭前部，声带振动。shi 的发音拉长，拉长部分即 -i（后）的读音。例如：

事实 shìshí	支持 zhīchí	知识 zhīshi	史诗 shǐshī

（二）复元音韵母的发音

ai、ei、ao、ou、ia、ie、ua、uo、ue 由 2 个元音构成，是二合复元音韵母；iao、iou、uai、uei 由 3 个元音构成，是三合复元音韵母。

复元音韵母的发音是从一个元音的发音状况快速向另一个元音的发音状况变化的过程，元音之间的发音有主次之分，主要元音清晰响亮，而其他元音含混模糊。

1. 前响复韵母

发音时，前响复韵母前面的元音清晰响亮，后面的元音含混模糊，音值不固定，只表示舌位滑动的方向。例如：

开采 kāicǎi	彩排 cǎipái	配备 pèibèi	违背 wéibèi
高潮 gāocháo	报道 bàodào	守候 shǒuhòu	抖擞 dǒusǒu

2. 中响复韵母

发音时，中响复韵母前面的元音较轻，中间的元音清晰响亮，后面的元音含混模糊，音值不固定，只表示舌位滑动的方向。例如：

巧妙 qiǎomiào	苗条 miáotiao	摔坏 shuāihuài	归队 guīduì
摧毁 cuīhuǐ			

3. 后响复韵母

发音时，后响复韵母前面的元音较轻，表示舌位滑动的开始，后面的元音清晰响亮。例如：

加价 jiājià	下架 xiàjià	贴切 tiēqiè	斜街 xiéjiē
挂花 guàhuā	耍滑 shuǎhuá	脱落 tuōluò	阔绰 kuòchuò
雀跃 quèyuè	雪月 xuěyuè		

三合复元音韵母的整个发音过程可以看成后响二合复元音韵母和前响二合复元音韵母的有机组合。三合复元音韵母在发音过程中口腔的变化是小—大—小，这个过程一定要完整。

（三）鼻韵母的发音

1. 前鼻韵母的发音

（1）an：发音时，先发 a，接着软腭下降，鼻音色彩逐渐增强，舌尖迅速抵住上齿龈发 n。例如：

灿烂 cànlàn　　　　展览 zhǎnlǎn　　　　谈判 tánpàn

感染 gǎnrǎn

（2）en：发音时，先发 e，接着软腭下降，鼻音色彩逐渐增强，舌尖迅速抵住上齿龈发 n。例如：

振奋 zhènfèn　　　沉闷 chénmèn　　　深沉 shēnchén　　　人参 rénshēn

（3）in：发音时，先发 i，接着软腭下降，鼻音色彩逐渐增强，舌尖迅速抵住上齿龈发 n。例如：

信心 xìnxīn　　　　殷勤 yīnqín　　　　拼音 pīnyīn　　　　引进 yǐnjìn

（4）ün：发音时，先发 ü，接着软腭下降，鼻音色彩逐渐增强，舌尖迅速抵住上齿龈发 n。例如：

逡巡 qūnxún　　　　军训 jūnxùn　　　　云海 yúnhǎi　　　　均匀 jūnyún

（5）ian：发音时，从前面的短而轻的 i 滑到比较响亮的 a，接着软腭下降，舌尖迅速抵住上齿龈发 n。例如：

变迁 biànqiān　　　片面 piànmiàn　　　先天 xiāntiān　　　偏见 piānjiàn

（6）uan：发音时，从前面短而轻的 u 到比较响亮的 a，接着软腭下降，舌尖迅速抵住上齿龈发 n。例如：

贯穿 guànchuān　　转换 zhuǎnhuàn　　专断 zhuānduàn　　婉转 wǎnzhuǎn

（7）uen：发音时，从前面短而轻的 u 滑到比较响亮的 e，接着软腭下降，舌尖迅速抵住上齿龈发 n。例如：

混沌 hùndùn　　　　昆仑 kūnlún　　　　困顿 kùndùn　　　　伦敦 Lúndūn

（8）üan：发音时，从前面短而轻的 ü 滑到比较响亮的 a，接着软腭下降，舌尖迅速抵住上齿龈发 n。例如：

源泉 yuánquán　　　轩辕 xuānyuán　　　渊源 yuānyuán　　　全权 quánquán

2. 后鼻韵母的发音

（1）ang：发音时，先发 a，接着舌根向软腭移动，并迅速抵住软腭发 ng。例如：

苍茫 cāngmáng　　商场 shāngchǎng　　帮忙 bāngmáng

肮脏 āngzāng

（2）eng：发音时，先发 e，接着舌根向软腭移动，并迅速抵住软腭发 ng。例如：

丰盛 fēngshèng　　　成风 chéngfēng　　　更正 gēngzhèng　　　征程 zhēngchéng

（3）ong：发音时，先发 o，接着舌根向软腭移动，并迅速抵住软腭发 ng。例如：

隆重 lóngzhòng　　　总统 zǒngtǒng　　　空洞 kōngdòng　　　从容 cóngróng

（4）ing：发音时，先发 i，接着软腭下降，舌根向软腭移动，并迅速抵住软腭发 ng。例如：

情形 qíngxíng　　　命令 mìnglìng　　　经营 jīngyíng　　　宁静 níngjìng

（5）iang：发音时，从前面短而轻的 i 滑到比较响亮的 a，接着软腭下降，舌根向软腭移动，并迅速抵住软腭发 ng。例如：

响亮 xiǎngliàng　　　踉跄 liàngqiàng　　　想象 xiǎngxiàng　　　将相 jiàngxiàng

（6）uang：发音时，从前面短而轻的 u 滑到比较响亮的 a，接着软腭下降，舌根向软腭移动，并迅速抵住软腭发 ng。例如：

状况 zhuàngkuàng　　　矿床 kuàngchuáng　　　装潢 zhuānghuáng

（7）ueng：发音时，从前面短而轻的 u 滑到比较响亮的 e，接着软腭下降，舌根向软腭移动，并迅速抵住软腭发 ng。例如：

嗡嗡 wēngwēng

（8）iong：发音时，i 短而轻，后面的 o 清晰响亮，接着软腭下降，舌根向软腭移动，并迅速抵住软腭发 ng。例如：

汹涌 xiōngyǒng　　　炯炯 jiǒngjiǒng

三、韵母辨正

（一）读准前鼻韵母与后鼻韵母

在有些方言中，前、后鼻韵母不分，或者都读成前鼻韵母，或者都读成后鼻韵母，或者两者混读，多表现为 in 和 ing 不分、en 和 eng 不分等。例如，把"英语"读成"音语"，"城市"读成"沉市"等。

要分清前、后鼻韵母，首先要发准 n 和 ng 这两个鼻音。练习发 n 音时，舌尖要轻轻抵住上齿龈；发 ng 音时，舌根则要轻轻抵住软腭。

1. 读音训练

认真 rènzhēn	根本 gēnběn	婶婶 shěnshen	濒临 bīnlín
拼音 pīnyīn	近亲 jìnqīn	殷勤 yīnqín	临近 línjìn
逞能 chěngnéng	风筝 fēngzheng	猛增 měngzēng	鹏程 péngchéng
宁静 níngjìng	倾听 qīngtīng	经营 jīngyíng	庆幸 qìngxìng
姓名 xìngmíng	真正 zhēnzhèng	人生 rénshēng	本能 běnnéng
城镇 chéngzhèn	缝纫 féngrèn	民警 mínjǐng	清新 qīngxīn
定金 dìngjīn	门铃 ménlíng	生硬 shēngyìng	沧桑 cāngsāng
想象 xiǎngxiàng	隆重 lóngzhòng	老翁 lǎowēng	端庄 duānzhuāng
绵羊 miányáng	想念 xiǎngniàn	岩浆 yánjiāng	

2. 辨音训练

忠诚（chéng）—忠臣（chén）　　　陈（chén）旧—成（chéng）就

长征（zhēng）—长针（zhēn）　　　当（dāng）心—担（dān）心

人生（shēng）—人参（shēn）　　　人名（míng）—人民（mín）

鲸（jīng）—金（jīn）鱼　　　　　引（yǐn）子—影（yǐng）子

土壤（rǎng）—涂染（rǎn）　　　　瓜分（fēn）—刮风（fēng）

亲近（qīnjìn）—清静（qīngjìng）　信（xìn）服—幸（xìng）福

天坛（tán）—天堂（táng）　　　　鲜（xiān）花—香（xiāng）花

运煤（yùnméi）—用煤（yòngméi）　反（fǎn）问—访（fǎng）问

张（zhāng）贴—粘（zhān）贴　　　水干（gān）—水缸（gāng）

审（shěn）视—省（shěng）市　　　粉（fěn）刺—讽（fěng）刺

整（zhěng）段—诊（zhěn）断　　　劲（jìn）头—镜（jìng）头

海滨（bīn）—海兵（bīng）　　　　今（jīn）天—惊（jīng）天

3. 绕口令

（1）天上一个盆，地上一个棚。盆碰棚，棚倒了，盆碎了，是棚赔盆还是盆赔棚。

（2）姓陈不能说成姓程，姓程不能说成姓陈。禾木是程，耳东是陈。如果陈程不分，就会认错人。

（3）长扁担，短扁担，长扁担比短扁担长半扁担；短扁担比长扁担短半扁担。长扁担绑在短板凳上，长板凳不能绑在比短扁担长半扁担的长扁担上；短板凳也不能绑在比长扁担短半扁担的短扁担上。

文化贴士

社会主义核心价值观

富强　　民主　　文明　　和谐

自由　　平等　　公正　　法治

爱国　　敬业　　诚信　　友善

前鼻音：心、观、民、文、信、善。后鼻音：强、明、平、等、公、正、敬、诚。用标准的前、后鼻音朗读"社会主义核心价值观"，希望大家在使用标准的普通话时感到自信，也希望大家朗读"社会主义核心价值观"时产生民族自豪感。

（二）读准 i 和 ü

从图 2-3-1 可以看出，i 和 ü 都是前、高元音，它们唯一的区别是 i 是不圆唇元音，ü 是圆唇元音。在有些方言中，i 和 ü 都读 i，如"全面"（quánmiàn）读成"前面"（qiánmiàn）、"预见"（yùjiàn）读成"意见"（yìjiàn）等。发生混淆的情况多是把圆唇的 ü 读成不圆唇的 i。练习 ü 的发音时，要注意唇形的变化：先张开嘴唇发 i，

微课

读准 i 和 ü

舌位不动，慢慢把嘴唇拢圆，就可以发出 ü 了。

1．读音训练

笔记 bǐjì	力气 lìqi	结业 jiéyè	鲜艳 xiānyàn
信心 xìnxīn	渔具 yújù	绝学 juéxué	区域 qūyù
均匀 jūnyún	拒绝 jùjué	必须 bìxū	继续 jìxù
田园 tiányuán	进军 jìnjūn	线圈 xiànquān	迁居 qiānjū
聚集 jùjí	运用 yùnyòng	军心 jūnxīn	云烟 yúnyān
纪律 jìlǜ	曲艺 qǔyì	谜语 míyǔ	预计 yùjì
抑郁 yìyù			

2．辨音训练

容易（yì）—荣誉（yù）	结集（jí）—结局（jú）
季（jì）节—拒（jù）绝	白银（yín）—白云（yún）
切（qiè）实—确（què）实	潜（qián）力—权（quán）利
燕（yàn）子—院（yuàn）子	盐（yán）分—缘（yuán）分
沿（yán）用—援（yuán）用	生育（yù）—生意（yì）
美育（yù）—美意（yì）	

3．绕口令

（1）老吕去卖驴，老余去买鱼。老余要用老吕的驴驮鱼，老吕要用老余的鱼换驴。

（2）大渠养大鱼，小渠养小鱼。大渠大鱼吃小鱼，小渠小鱼怕大鱼。有一天，下大雨，小渠流进大渠水，小渠里有大鱼，大渠里没小鱼。

（3）清晨起来雨稀稀，王七上街去买席。骑着毛驴跑得急，捎带卖蛋又贩梨。一跑跑到小桥西，毛驴一下失了蹄。打了蛋，撒了梨，跑了驴，急得王七眼泪滴，又哭鸡蛋又骂驴。

（三）读准 o、e 和 uo

在有的方言中，o、e 和 uo 容易混淆。例如，新疆方言把韵母 o 全都发成了 e；东北方言把韵母 o 的一部分读成了韵母 e；西南方言则把韵母 e 读成了韵母 o，如"哥""锅"同音，"课""扩"同音，"饿""卧"同音。混淆的原因有两点：一是声母、韵母拼合不当，普通话中 o 只能和 b、p、m、f 相拼，有的方言则能和 g、k、h 相拼，e 除了"么"（me）不能和 b、p、m、f 相拼；二是发音不准确，o、e 是单元音，在发音过程中保持一定的舌位、唇形不变，o 和 e 的区别是前者是圆唇元音，后者是不圆唇元音，uo 是后响复元音韵母，在发音过程中，舌位、唇形要发生变化。

1．读音训练

墨盒 mòhé	破格 pògé	隔膜 gémó	薄荷 bòhe
客车 kèchē	割舍 gēshě	色泽 sèzé	哥哥 gēge
伯伯 bóbo	火锅 huǒguō	默默 mòmò	啰唆 luōsuo

硕果 shuòguǒ　　过错 guòcuò　　蹉跎 cuōtuó　　错落 cuòluò
懦弱 nuòruò　　破获 pòhuò　　菠萝 bōluó　　薄弱 bóruò
火车 huǒchē　　过河 guòhé　　萝卜 luóbo　　叵测 pǒcè
恶魔 èmó

2. 辨音训练

大哥（gē）—大锅（guō）　　　客（kè）气—阔（kuò）气
河（hé）面—和（huó）面　　　个（gè）人—国（guó）人
合（hé）力—活（huó）力

3. 绕口令

（1）可可磨了墨，却没有新墨盒；我有新墨盒，还没磨好墨。可可把磨好的墨倒进我的新墨盒，我把新墨盒让可可倒进墨，我和可可合用一个墨盒。你说我们会不会合作？

（2）小何养八哥，小郭逮蝈蝈。小何说八哥比蝈蝈会唱歌，小郭说蝈蝈比八哥会唱歌。不知是八哥胜蝈蝈，还是蝈蝈胜八哥。

（3）伯伯养了一群大白鹅，哥哥喂了两只小白鸽。伯伯教哥哥训鸽，哥哥帮伯伯放鹅。白鸽、白鹅长得好，乐坏了伯伯和哥哥。

（4）小乌龟，怕挨饿，背上背着一口锅。锅背背，背背锅，龟背背锅上河坡。

（四）读准 u 和 ü

u 和 ü 都是高、圆唇元音，它们的不同在于 u 是后元音，ü 是前元音。u 和 zh、ch、sh、r 相拼以及 ü 和 j、q、x 相拼时容易混淆。

微 课

读准u和 ü

1. 读音训练

图书 túshū　　出路 chūlù　　服务 fúwù　　贯穿 guànchuān
补助 bǔzhù　　转弯 zhuǎnwān　　春笋 chūnsǔn　　温顺 wēnshùn
论文 lùnwén　　须臾 xūyú　　源泉 yuánquán　　均匀 jūnyún
允许 yǔnxǔ　　选举 xuǎnjǔ　　主语 zhǔyǔ　　处于 chǔyú
属于 shǔyú　　顺序 shùnxù　　春雨 chūnyǔ　　水渠 shuǐqú
叙述 xùshù　　取出 qǔchū　　绿树 lùshù　　巡逻 xúnluó
局促 júcù

2. 辨音训练

主（zhǔ）力—举（jǔ）例　　　专（zhuān）区—捐（juān）躯
准（zhǔn）备—军（jūn）备　　　船（chuán）舷—全（quán）县
顺（shùn）服—驯（xùn）服　　　轮船（chuán）—抡拳（quán）

3. 绕口令

（1）一面小花鼓，鼓上画老虎。小槌敲破鼓，妈妈用布补。不知是布补鼓，还是布补虎。

（2）小兔去看小鹿，小鹿探望小兔，事前都不清楚。小兔走小路，没碰到小鹿；小鹿走大路，没见到小兔。小兔走了冤枉路，小鹿时间白耽误。

（五）读准复元音韵母

复元音韵母发音时要注意，韵头、韵尾发音短小，中间的韵腹发音响亮。带元音韵尾的复元音韵母包括 ai、ei、ao、ou 和 iao、iou、uai、uei，这些韵母的元音韵尾发音轻弱模糊，特别容易丢失，或与韵腹合并，发出一个居于韵腹元音和韵尾元音之间的单元音。要发好这些带元音韵尾的复元音韵母，一要发准韵腹，二要驱使舌位向韵尾元音的方向滑动。

1. 读音训练

白菜 báicài	开采 kāicǎi	海带 hǎidài	拍卖 pāimài
摔坏 shuāihuài	甩卖 shuǎimài	衰败 shuāibài	配备 pèibèi
蓓蕾 bèilěi	北美 běiměi	回归 huíguī	水位 shuǐwèi
坠毁 zhuìhuǐ	摧毁 cuīhuǐ	报告 bàogào	高潮 gāocháo
号召 hàozhào	草帽 cǎomào	巧妙 qiǎomiào	疗效 liáoxiào
小鸟 xiǎoniǎo	口头 kǒutóu	丑陋 chǒulòu	抖擞 dǒusǒu
收购 shōugòu	欧洲 ōuzhōu	悠久 yōujiǔ	舅舅 jiùjiu
调遣 diàoqiǎn	害羞 hàixiū	海啸 hǎixiào	交代 jiāodài
教诲 jiàohuì	开刀 kāidāo	愧疚 kuìjiù	来由 láiyóu
劳累 láolèi	潦草 liáocǎo	柳条 liǔtiáo	楼道 lóudào
没有 méiyǒu	毛豆 máodòu	美妙 měimiào	苗头 miáotou
奶牛 nǎiniú	脑袋 nǎodai	扭头 niǔtóu	胚胎 pēitāi
漂游 piāoyóu			

2. 绕口令
（1）白奶奶买白菜，白菜买来排开摆。排白菜，摆白菜，白奶奶把白菜摆开晒。
（2）黑猫黑狗毛黑，白猫白狗毛白。黑猫没黑狗毛黑，白猫没白狗毛白。黑猫黑狗毛比白猫白狗毛黑，白猫白狗毛比黑猫黑狗毛白。

（六）其他不容易读准的韵母

1. ie 和 üe
读音训练：

谢绝 xièjué	解决 jiějué	确切 quèqiè	决裂 juéliè
学业 xuéyè	劫掠 jiélüè	血液 xuèyè	学界 xuéjiè
喋血 diéxuè	节约 jiéyuē	越界 yuèjiè	月夜 yuèyè
灭绝 mièjué			

2. ian 和 üan
（1）读音训练：

电线 diànxiàn	简便 jiǎnbiàn	片面 piànmiàn	牵连 qiānlián

恬念 diànniàn　　　演练 yǎnliàn　　　艰险 jiānxiǎn　　　轩辕 xuānyuán
涓涓 juānjuān　　　全员 quányuán　　　偏远 piānyuǎn　　　边缘 biānyuán
垫圈 diànquān　　　捐献 juānxiàn　　　全县 quánxiàn　　　泉眼 quányǎn

（2）绕口令：

燕燕教倩倩编辫辫，左手编右半边，右手编左半边。倩倩跟燕燕学编辫辫，右手编左半边，左手编右半边。

3. 韵头 u

韵头 u 受方言影响容易丢失，如有的人把"孙子"念成"森子"，把"司马光砸缸"念成"司马缸砸缸"。在发带韵头 u 的韵母的音时，要注意发音过程中有一个合口的 u 音。

（1）读音训练：

夸大 kuādà　　　娃娃 wáwa　　　蹉跎 cuōtuó　　　哆嗦 duōsuo
说过 shuōguò　　　骆驼 luòtuo　　　摔坏 shuāihuài　　　回归 huíguī
垂危 chuíwēi　　　贯穿 guànchuān　　　婉转 wǎnzhuǎn　　　转换 zhuǎnhuàn
温顺 wēnshùn　　　论文 lùnwén　　　状况 zhuàngkuàng　　　双簧 shuānghuáng
老翁 lǎowēng

（2）绕口令：

小光和小刚，抬着水桶上岗。上山岗，歇歇凉，拿起竹竿玩打仗。乒乒乓，乒乒乓，打来打去砸了缸。小光怪小刚，小刚怪小光，小光小刚都怪竹竿和水缸。

知识拓展

说明：表中的①②③④分别指阴平、阳平、上声和去声 4 种声调。

（1）en 和 eng 对照辨音字表（见表 2-3-2）。

表 2-3-2　en 和 eng 对照辨音字表

	en	eng
/	①恩④摁	①鞥
b	①奔贲③本苯④笨	①崩②甭③绷④迸蹦泵
p	①喷（～水）②盆④喷	①烹②朋棚硼鹏彭澎膨③捧④碰
m	①闷（～热）②门们扪④闷（烦～）焖	①蒙（～骗）②萌盟蒙（～受）濛朦艨③猛锰蜢艋蒙④梦孟
f	①分（～别）芬纷吩氛酚②坟焚汾③粉④分份偾奋粪愤	①风枫疯峰烽蜂锋丰封②逢缝冯③讽④奉俸凤缝
d	④扽	①登灯③等④邓凳蹬镫瞪
t		②疼腾誊滕藤
n	④嫩	②能
l		②棱③冷④愣

续表

	en	eng
g	①根跟②哏③艮④茛（儒～）亘	①耕庚更（～改）③耿埂哽绠梗鲠④更
k	③肯啃垦恳④裉揞	①坑
h	②痕③很狠④恨	①亨哼②横（～竖）衡④横
zh	①真贞侦祯桢针珍胗斟③诊疹枕缜④振赈震镇阵	①争挣睁狰铮筝峥正（～月）怔征症（～结）蒸③整拯④正政证症郑诤
ch	①嗔抻②辰宸晨沉忱陈臣尘③碜④衬趁称	①称撑②成城诚盛承呈程惩澄橙乘丞③逞骋④秤
sh	①申伸呻绅砷身深娠②神③沈审婶④甚葚慎肾渗蜃	①生牲笙甥升声②绳③省④胜圣盛剩
r	②人仁壬③忍荏④任纴妊衽认刃纫韧轫	①扔②仍
z	③怎	①曾憎缯④赠缯锃
c	①参②岑	②曾层④蹭
s	①森	①僧

（2）in 和 ing 对照辨音字表（见表 2-3-3）。

表 2-3-3 in 和 ing 对照辨音字表

	in	ing
y	①因洇茵姻氤殷音阴荫②垠银龈吟寅淫鄞③引蚓隐瘾饮尹④印荫（～庇）	①英瑛媖锳莺膺鹰婴璎撄嘤樱鹦鹦罂应（～该）②荧莹营萤蝇盈迎赢③影颖④映硬应
b	①宾傧滨缤槟镔彬④摈殡髌	①兵冰③丙柄炳秉饼禀④病并
p	①拼②贫频嫔③品④聘	①乒②平评坪苹枰萍屏瓶凭
m	②民③敏皿闽悯泯	②名茗铭明鸣冥溟瞑暝螟③酩④命
d		①丁叮仃钉疔盯③顶鼎④定锭碇腚订
t		①听厅汀②亭停婷廷庭蜓霆③挺艇铤梃
n	②您	②宁（安～）咛狞柠凝③拧④宁泞佞
l	②林淋琳霖邻粼遴嶙磷鳞辚③凛廪懔④吝赁蔺	②灵伶泠苓瓴聆翎玲铃蛉零龄凌陵菱绫棱令（～狐）③岭领④另令
j	①今衿矜斤巾金津襟筋③紧锦仅谨僅瑾槿④妗尽浸烬劲觐近晋缙禁噤浸	①京惊鲸茎泾经菁晴精晶荆兢粳③景颈井警儆④敬竟竞境镜净靖静径劲胫痉
q	①衾亲侵钦②芩琴芹秦禽擒噙勤③寝④沁	①氢轻青清蜻倾卿②情晴擎③顷请④庆亲（～家）
x	①忻昕欣新薪辛莘锌心馨④信衅	①星猩腥兴②形刑邢型行③省醒④幸姓性杏兴

（3）（零声母）uen 和 ueng 对照辨音字表（见表 2-3-4）。

表 2-3-4　（零声母）uen 和 ueng 对照辨音字表

	uen（wen）	ueng（weng）
w	①温瘟②文纹蚊闻③稳吻紊④问	①翁嗡④瓮蕹

（4）uen（un）和 ong 对照辨音字表（见表 2-3-5）。

表 2-3-5　uen（un）和 ong 对照辨音字表

	uen（un）	ong
d	①敦墩蹾吨③盹趸④炖钝顿囤盾遁	①冬东③董懂④洞恫侗冻栋动
t	①吞②屯臀③氽④褪	①通②同桐铜童潼瞳③筒桶捅④痛
l	①抡②仑沦纶轮伦④论	①隆（轰～～）②隆癃龙咙聋笼③拢垄陇④弄
g	③滚辊④棍	①工功攻公蚣弓躬供恭宫③拱巩汞④共贡供（口～）
k	①昆坤③捆④困	①空（～气）③孔恐④空控
h	①昏婚荤②魂浑④混	①烘哄（～笑）轰②红虹宏洪鸿弘③哄（～骗）④讧哄
zh	①谆③准	①中（～间）忠盅钟衷终③肿种④中（～奖）仲种（～地）重众
ch	①春椿②唇纯淳醇③蠢	①冲忡充舂②虫重崇③宠④冲（～压）铳
sh	③吮④顺舜瞬	
r	④闰润	②容溶蓉榕熔绒荣融茸
z	①尊遵③撙④捘	①宗综棕踪鬃③总④纵粽
c	①村皴②存③忖④寸	①囱匆葱聪②从丛淙
s	①孙③损笋榫	①松嵩③怂耸竦④宋送颂讼诵

（5）ün 和 iong 对照辨音字表（见表 2-3-6）。

表 2-3-6　ün 和 iong 对照辨音字表

	ün	iong
y	①晕②云匀③允陨④运酝晕（日～）孕韵慰蕴	①佣拥庸③永泳咏勇涌蛹踊④用
j	①均君军④俊骏浚峻竣	③窘迥
q	②群裙	②穷琼
x	①熏勋②旬询循巡寻④驯训讯迅汛殉逊	①兄凶匈汹胸②熊雄

学以致用

1. 朗读下列诗歌。

芙蓉楼送辛渐

〔唐〕王昌龄

寒雨连江夜入吴，平明送客楚山孤。

洛阳亲友如相问，一片冰心在玉壶。

别董大二首·其一

〔唐〕高适

千里黄云白日曛，北风吹雁雪纷纷。

莫愁前路无知己，天下谁人不识君。

出塞二首·其一

〔唐〕王昌龄

秦时明月汉时关，万里长征人未还。

但使龙城飞将在，不教胡马度阴山。

墨　梅

〔元〕王冕

吾家洗砚池头树，朵朵花开淡墨痕。

不要人夸好颜色，只留清气满乾坤。

黄鹤楼送孟浩然之广陵

〔唐〕李白

故人西辞黄鹤楼，烟花三月下扬州。

孤帆远影碧空尽，唯见长江天际流。

2. 朗读下列绕口令。

（1）二是二，十二是十二，二十二是二十二。小二子一口气数完二千二百二十二万二千二百二十二点二二。

（2）蜜蜂酿蜂蜜，蜂蜜养蜜蜂。蜜养蜜蜂蜂酿蜜，蜂酿蜂蜜蜜养蜂。

3. 用普通话朗读短文。

落花生（节选）

许地山

我们家的后园有半亩空地。母亲说："让它荒着怪可惜的，你们那么爱吃花生，就开辟出来种花生吧。"我们姐弟几个都很高兴，买种，翻地，播种，浇水，没过几个月，居然收获了。

　　母亲说："今晚我们过一个收获节，请你们的父亲也来尝尝我们的新花生，好不好？"母亲把花生做成了好几样食品，还吩咐就在后园的茅亭里过这个节。

　　那晚的天色不大好，可是父亲也来了，实在很难得。

　　父亲说："你们爱吃花生吗？"

　　我们争着答应："爱！"

　　"谁能把花生的好处说出来？"

　　姐姐说："花生的味道很美。"

　　哥哥说："花生可以榨油。"

　　我说："花生的价钱便宜，谁都可以买来吃，都喜欢吃。这就是它的好处。"

　　父亲说："花生的好处很多，有一样最可贵。它的果实埋在地里，不像桃子、石榴、苹果那样，把鲜红嫩绿的果实高高地挂在枝上，使人一见就生爱慕之心。你们看它矮矮地长在地上，等到成熟了，也不能立刻分辨出来它有没有果实，必须挖起来才知道。"

　　我们都说是，母亲也点点头。

　　父亲接下去说："所以你们要像花生，它虽然不好看，可是很有用。"

　　我说："那么，人要做有用的人，不要做只讲体面，而对别人没有好处的人。"

　　父亲说："对。这是我对你们的希望。"

　　我们谈到深夜才散。花生做的食品都吃完了，父亲的话却深深地印在我的心上。

第四课　声　调

应知导航

　　1. 掌握普通话 4 个声调的调值和调型。

　　2. 根据声调正确发音。

知识探究

一、声调概述

　　汉语是有声调的语言。学习普通话语音，声调是一个重要部分。声调是音节中具有区别意义作用的音高变化，是音节不可缺少的重要组成部分。

　　音高的变化与声带的松紧程度有关系。发音时，声带拉紧，发出的声调就高;声带放松,发出的声调就低。因此,汉语声调的高低变化取决于音高的变化。声调中的音高是相对音高,不同人的音高虽然有差别,但同一个人发不同声调的高低升降(即音高)是不变的。

声调具有区别意义的作用。例如"shi",声调不同,所表示的意义也不同。

失业 shīyè   实业 shíyè   始业 shǐyè   事业 shìyè

此外,声调在古典诗词平仄格律中有重要作用。声调还使汉语具有抑扬顿挫的韵律美。

二、声调的基本概念

1.调值

汉语的声调可以用调值来表示。每种声调高低升降的具体变化也就是声调的实际读法,被称为"调值"。调值一般采用五度标记法来表示。

五度标记法是用五度竖标来标记相对音高的一种方法。具体操作是,画一条竖线,将其分为四格五度,表示声调的相对音高。相对音高最高的为 5 度,最低的为 1 度。在竖线的左侧画短线或箭头,表示音高升降变化的形式;也可采用两位或三位数字表示。普通话调值五度标记图如图 2-4-1 所示。

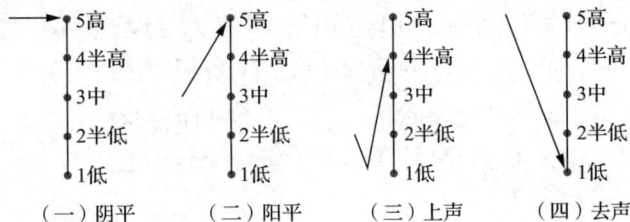

图 2-4-1　普通话调值五度标记图

汉语四声的调值分别是 55、35、214、51。把五度标记法中的四声实际读法的图形进行简化,就是我们平时使用的声调符号,简称"调号",分别是"ˉ ˊ ˇ ˋ"。

2.调类

调类是声调的种类,是把调值相同的字归纳在一起所建立的类。一种方言中有几种调值就有几种调类。汉语方言的声调是从中古语音的"平、上、去、入"4个声调演变而来的,在演变的过程中,有的合并,有的分化,所以发展到今天,方言的调类比较多。普通话有 4 个调类,分别是阴平、阳平、上声和去声,通俗的称法分别是第一声、第二声、第三声和第四声。

在汉语方言中,调类相同的字,调值不一定相同。例如,"方"在普通话和各方言的调类都是阴平,普通话调值为 55,浙江话调值为 41,济南话调值则为213。反过来,调值相同的字不一定属于相同的调类。

3.调型

调型是声调的高低、升降、平曲的变化。普通话 4 个声调的调型分别为平调、升调、曲折调和降调。具体地说，阴平声音高而平，是高平调；阳平由中音升到高音，是中升调；上声由半低音先降到低音，再升到半高音，是降升调；去声由高音降到低音，是全降调。

三、声调发音

1. 阴平

阴平，又称"高平调"，俗称"第一声"，调值是 55，也称"55 调"。发音时，调值从 5 度到 5 度，声音比较高，基本上没有升降的变化。例如：

高超 gāochāo　　芬芳 fēnfāng　　　商标 shāngbiāo　　　资金 zījīn
推敲 tuīqiāo　　夸张 kuāzhāng　　青春 qīngchūn　　　公司 gōngsī

2. 阳平

阳平，又称"中升调"，俗称"第二声"，调值为 35，也称"35 调"。发音时，调值从 3 度升到 5 度，有较大升幅变化。例如：

和平 hépíng　　河南 Hénán　　　人民 rénmín　　　　怀疑 huáiyí
银行 yínháng　　农民 nóngmín　　言行 yánxíng

3. 上声

上声，又称"降升调"，俗称"第三声"，调值为 214，也称"214 调"。发音时，调值从 2 度降到 1 度，再从 1 度升到 4 度，有明显的降升变化。例如：

体检 tǐjiǎn　　　表姐 biǎojiě　　　领导 lǐngdǎo　　　彼此 bǐcǐ
好感 hǎogǎn　　举止 jǔzhǐ　　　美满 měimǎn　　　管理 guǎnlǐ

4. 去声

去声，又称"全降调"，俗称"第四声"，调值为 51，又叫"51 调"。发音时，调值从 5 度降到 1 度，有明显的降幅变化。例如：

胜利 shènglì　　世界 shìjiè　　　教育 jiàoyù　　　注意 zhùyì
校对 jiàoduì　　浪漫 làngmàn　　气质 qìzhì　　　创造 chuàngzào

四、声调发音训练

各种方言都有自己独特的声调系统。同一个汉字在不同的方言中可能被读成不同的调值，属于不同的调类。声调在一个人的语音面貌中起着相当重要的作用。有的人声韵问题不是很大，但受方言影响，声调不准，造成普通话发音不准。方言和普通话声调的不同主要表现在调值上，因此在学习普通话时，掌握声调的调值非常重要。

（一）读音训练

1. 同声韵四声练习

bā（巴）bá（拔）bǎ（把）bà（坝）

dā（搭）dá（答）dǎ（打）dà（大）

mā（妈）má（麻）mǎ（马）mà（骂）

zhā（扎）zhá（闸）zhǎ（眨）zhà（诈）

fāng（芳）fáng（房）fǎng（纺）fàng（放）

qī（期）qí（奇）qǐ（起）qì（器）

lāo（捞）láo（劳）lǎo（老）lào（酪）

bō（波）bó（博）bǒ（跛）bò（檗）

niū（妞）niú（牛）niǔ（纽）niù（拗）

gē（哥）gé（格）gě（葛）gè（个）

hū（呼）hú（胡）hǔ（虎）hù（互）

tāo（涛）táo（陶）tǎo（讨）tào（套）

yī（一）yí（宜）yǐ（已）yì（亿）

yū（迂）yú（余）yǔ（语）yù（欲）

kuī（亏）kuí（奎）kuǐ（跬）kuì（溃）

2. 不同声调的双音节词语练习

（1）阴平 + 阴平：

| 参加 cānjiā | 江山 jiāngshān | 珍惜 zhēnxī | 丰收 fēngshōu |
| 纷纷 fēnfēn | 青春 qīngchūn | 诗歌 shīgē | 冰川 bīngchuān |

（2）阴平 + 阳平：

| 高原 gāoyuán | 生活 shēnghuó | 精华 jīnghuá | 中国 Zhōngguó |
| 安全 ānquán | 支援 zhīyuán | 加强 jiāqiáng | 欢迎 huānyíng |

（3）阴平 + 上声：

| 发展 fāzhǎn | 欣赏 xīnshǎng | 生长 shēngzhǎng | 开始 kāishǐ |
| 方法 fāngfǎ | 根本 gēnběn | 家长 jiāzhǎng | 批准 pīzhǔn |

（4）阴平 + 去声：

| 需要 xūyào | 单位 dānwèi | 音乐 yīnyuè | 失望 shīwàng |
| 呼叫 hūjiào | 规范 guīfàn | 相信 xiāngxìn | 侵略 qīnlüè |

（5）阳平 + 阴平：

| 男方 nánfāng | 图书 túshū | 国歌 guógē | 研究 yánjiū |
| 革新 géxīn | 航空 hángkōng | 曾经 céngjīng | 农村 nóngcūn |

（6）阳平 + 阳平：

| 人民 rénmín | 模型 móxíng | 儿童 értóng | 团结 tuánjié |
| 临时 línshí | 文学 wénxué | 黄河 huánghé | 勤劳 qínláo |

（7）阳平 + 上声：

| 难免 nánmiǎn | 描写 miáoxiě | 成果 chéngguǒ | 民主 mínzhǔ |
| 言语 yányǔ | 南海 nánhǎi | 遥远 yáoyuǎn | 诚恳 chéngkěn |

（8）阳平 + 去声：

豪迈 háomài	革命 gémìng	模范 mófàn	肥沃 féiwò
名利 mínglì	留念 liúniàn	局面 júmiàn	辽阔 liáokuò

（9）上声 + 阴平：

普通 pǔtōng	统一 tǒngyī	取消 qǔxiāo	老师 lǎoshī
美观 měiguān	体贴 tǐtiē	牡丹 mǔdān	北京 Běijīng

（10）上声 + 阳平：

语文 yǔwén	晚霞 wǎnxiá	海洋 hǎiyáng	普及 pǔjí
谴责 qiǎnzé	柳眉 liǔméi	整齐 zhěngqí	选择 xuǎnzé

（11）上声 + 上声：

理想 lǐxiǎng	所以 suǒyǐ	美好 měihǎo	展览 zhǎnlǎn
指导 zhǐdǎo	脊髓 jǐsuǐ	古典 gǔdiǎn	感想 gǎnxiǎng

（12）上声 + 去声：

改变 gǎibiàn	礼貌 lǐmào	土地 tǔdì	改造 gǎizào
美丽 měilì	考试 kǎoshì	野外 yěwài	典范 diǎnfàn

（13）去声 + 阴平：

构思 gòusī	地方 dìfāng	特征 tèzhēng	认真 rènzhēn
印刷 yìnshuā	列车 lièchē	犯规 fànguī	气温 qìwēn

（14）去声 + 阳平：

视觉 shìjué	课堂 kètáng	太阳 tàiyáng	调查 diàochá
特别 tèbié	自然 zìrán	配合 pèihé	未来 wèilái

（15）去声 + 上声：

对手 duìshǒu	历史 lìshǐ	带领 dàilǐng	气体 qìtǐ
落榜 luòbǎng	面粉 miànfěn	凑巧 còuqiǎo	信仰 xìnyǎng

（16）去声 + 去声：

绚丽 xuànlì	验算 yànsuàn	过去 guòqù	厌恶 yànwù
地震 dìzhèn	对待 duìdài	厄运 èyùn	电报 diànbào

（二）绕口令

（1）妈妈骑马，马慢妈妈骂马；妞妞轰牛，牛拗妞妞拧牛；姥姥喝酪，酪落姥姥捞酪；舅舅捉鸠，鸠飞舅舅揪鸠。

（2）丹丹担担，旦旦担蛋。丹丹的担里担着蛋，旦旦担着担里的蛋。

五、声调辨正

　　全国各地的方言在声调方面都和普通话有差异。要学好普通话，最重要的是要找准本地的方言和普通话在声调上的对应关系，有针对性地纠正自己发音时在声调上的错误。

（一）调类辨正

普通话有阴平、阳平、上声、去声4个调类，7个方言区的调类数差别明显，主要原因是古入声字的变化。北方方言区绝大部分地区的方言的调类与普通话的调类一致，如汉口话、济南话、沈阳话、成都话等都是4个调类，入声分别归到阴阳上去。比较特殊的是，滦县（指河北省滦州市）话只有平声、上声与去声3个调类，调类数最少。吴、湘、赣、闽、粤、客家方言区由于保留入声字，调类数从5个到10个不等；湘、赣、客家方言区虽都是6个调类数，但调类不同，湘、赣方言区里的去声分阳去、阴去，而客家方言里的入声分阴入、阳入；吴方言区的调类数比较复杂，上海话有5个调类，苏州话有7个调类，绍兴话有8个调类；粤方言区的玉林话调类数最多，有10个。因此，以上方言区的人们在学习普通话的过程中，需要特别关注声调的问题。

（二）调值辨正

1. 阴平的辨正

（1）调值不够高。阴平调值是55，但有的方言区阴平调值是44（沈阳话、成都话）、33（长沙话），甚至11（滦县话），如以11的调值念"现在开始播音"中的"播音"两个字就带有较明显的方言色彩。

微课

调值辨正

辨正练习：

诗篇 shīpiān　出家 chūjiā　张贴 zhāngtiē　纷争 fēnzhēng　初春 chūchūn

（2）阴平读成降调。例如，普通话"生生不息"中的"生生"（shēngshēng）本是高平调，天津、南京、兰州、南昌、绍兴等地的人，易将其读成降调，听起来像是"胜胜"（shèngshèng）。

辨正练习：

失落 shīluò　　推断 tuīduàn　　伺机 sìjī　　希冀 xījì　　公告 gōnggào

（3）阴平读成降升调。有些方言区，如山东济南、泰安等地的人会把"茶杯"（chábēi）中的"杯"发成类似普通话"北"（běi）的音，把"纸张"（zhǐzhāng）中的"张"发成类似普通话"掌"（zhǎng）的音。

辨正练习：

农耕 nónggēng　财经 cáijīng　竞相 jìngxiāng　客车 kèchē　信托 xìntuō

2. 阳平的辨正

（1）阳平读成平调。内蒙古自治区及河北省滦州市等地的人，易把普通话中的阳平字读成平调，如"方糖"（fāngtáng）中的"糖"听起来像"汤"（tāng），"去年"（qùnián）中的"年"听起来像"拈"（niān）。

辨正练习：

权限 quánxiàn　提纲 tígāng　动情 dòngqíng　文教 wénjiào　漫游 mànyóu

（2）阳平读成降调。济南、成都、福州等地的人，易把普通话中的阳平字读成降调42、41或52，如"学生"（xuéshēng）中的"学"听起来像"血"（xuè），

"权力"（quánlì）中的"权"听起来像"劝"（quàn）。

辨正练习：

告辞 gàocí　　　 别墅 biéshù　　　 杂费 záfèi　　　 轮回 lúnhuí　　　 人权 rénquán

3. 上声的辨正

（1）上声调值不完全。上声调值是214。发音时，要前短后长。但有些地区的人由于说方言的习惯，往往读得前长后短，致使上声调值不完全。沈阳、南昌等地的人，易将上声调值发成213。

辨正练习：

结尾 jiéwěi　　　 平整 píngzhěng　　　 俗语 súyǔ　　　 糖果 tángguǒ
祈祷 qídǎo　　　 着想 zhuóxiǎng　　　 神采 shéncǎi　　　 竹笋 zhúsǔn

（2）上声读成降调。闽方言区的人，尤其是厦门人，易把普通话中的上声字念成全降调51，与普通话里的去声调值一样，如把"是你"（shì nǐ）中的"你"发成"腻"（nì），"网上"（wǎngshàng）中的"网"发成"旺"（wàng）。

辨正练习：

处所 chùsuǒ　　　 复古 fùgǔ　　　 隶属 lìshǔ　　　 地毯 dìtǎn
宁肯 nìngkěn　　　 字典 zìdiǎn　　　 号角 hàojiǎo　　　 落伍 luòwǔ

（3）上声读成平调。山东省除了烟台的绝大部分地区，像济南、青岛、泰安、临沂、菏泽等地的人，在发上声时，听起来就像是高平调55；而滨州、潍坊、东营等地的人又读成低平调44。

例如，"饭碗"（fànwǎn）中的"碗"听起来像"弯"（wān），"营养"（yíngyǎng）中的"养"听起来像"秧"（yāng）。上海话里的上声也易读作平调33。

辨正练习：

操场 cāochǎng　　　 机敏 jīmǐn　　　 多寡 duōguǎ　　　 花鸟 huāniǎo
鲜美 xiānměi　　　 黑板 hēibǎn　　　 喧嚷 xuānrǎng　　　 屋脊 wūjǐ

4. 去声的辨正

（1）去声读成升调或平调。甘肃兰州、四川等地的人常把普通话中的去声字读成低升调13，在发"四川"（Sìchuān）中"四"的音时发成"sí"，"报告"发成"báogáo"；而武汉汉口等地的人易读成阳平调35，南京、滦州等地的人则易读成平调44或55。

辨正练习：

黑洞 hēidòng　　　 欣慰 xīnwèi　　　 音量 yīnliàng　　　 支架 zhījià
疏散 shūsàn　　　 残暴 cánbào　　　 嫉妒 jídù　　　 劳作 láozuò

（2）去声读成降升调。江苏苏州、福建等地有把"看一看"读成"砍一砍"，把"急躁"（jízào）中的"躁"读成"早"（zǎo）等的现象。

辨正练习：

世面 shìmiàn　　　 俯瞰 fǔkàn　　　 现任 xiànrèn　　　 在望 zàiwàng
可贵 kěguì　　　 锦绣 jǐnxiù　　　 假若 jiǎruò　　　 火力 huǒlì

知识拓展

四声歌

学好声韵辨四声，阴阳上去要分明。
部位方法要找准，开齐合撮属口型。
双唇班报必百波，抵舌当地斗点丁。
舌根高狗坑耕故，舌面积结教坚精。
翘舌主争真知照，平舌资则早在增。
擦音发翻飞分复，送气查柴产彻称。
合口呼午枯胡古，开口河坡歌安争。
撮口虚学寻徐剧，齐齿衣优摇业英。
前鼻恩因烟弯稳，后鼻昂迎中拥生。
咬紧字头归字尾，阴阳上去记变声。
循序渐进坚持练，不难达到纯和清。

学以致用

1. 朗读下列诗歌。

惠崇春江晚景二首·其一

〔宋〕苏轼

竹外桃花三两枝，春江水暖鸭先知。
蒌蒿满地芦芽短，正是河豚欲上时。

晓出净慈寺送林子方

〔宋〕杨万里

毕竟西湖六月中，风光不与四时同。
接天莲叶无穷碧，映日荷花别样红。

2. 词语声调对比练习。

大国—大锅	医务—遗物	冲锋—重逢	鸳鸯—远洋	乘法—惩罚
司机—四季	大学—大雪	题材—体裁	知道—执导	使节—失节
化学—滑雪	整洁—症结	中华—种花	无益—舞艺	事实—逝世

3. 四声同调练习。

春天花开	江山多娇	珍惜光阴	人民团结	豪情昂扬	名存实亡
厂长领导	理想美好	稳妥处理	日夜奋战	胜利闭幕	变幻莫测

4. 四声交错词语练习。

水落石出	信口开河	轻描淡写	集思广益	绝对真理	班门弄斧
身体力行	百炼成钢	得心应手	五光十色	明目张胆	千锤百炼

5. 用普通话朗读短文。

荷塘月色（节选）

朱自清

这几天心里颇不宁静。今晚在院子里坐着乘凉，忽然想起日日走过的荷塘，在这满月的光里，总该另有一番样子吧。月亮渐渐地升高了，墙外马路上孩子们的欢笑，已经听不见了；妻在屋里拍着闰儿，迷迷糊糊地哼着眠歌。我悄悄地披了大衫，带上门出去。

沿着荷塘，是一条曲折的小煤屑路。这是一条幽僻的路；白天也少人走，夜晚更加寂寞。荷塘四面，长着许多树，蓊蓊郁郁的。路的一旁，是些杨柳，和一些不知道名字的树。没有月光的晚上，这路上阴森森的，有些怕人。今晚却很好，虽然月光也还是淡淡的。

路上只我一个人，背着手踱着。这一片天地好像是我的；我也像超出了平常的自己，到了另一世界里。我爱热闹，也爱冷静；爱群居，也爱独处。像今晚上，一个人在这苍茫的月下，什么都可以想，什么都可以不想，便觉是个自由的人。白天里一定要做的事，一定要说的话，现在都可不理。这是独处的妙处，我且受用这无边的荷香月色好了。

曲曲折折的荷塘上面，弥望的是田田的叶子。叶子出水很高，像亭亭的舞女的裙。层层的叶子中间，零星地点缀着些白花，有袅娜地开着的，有羞涩地打着朵儿的；正如一粒粒的明珠，又如碧天里的星星，又如刚出浴的美人。微风过处，送来缕缕清香，仿佛远处高楼上渺茫的歌声似的。这时候叶子与花也有一丝的颤动，像闪电般，霎时传过荷塘的那边去了。叶子本是肩并肩密密地挨着，这便宛然有了一道凝碧的波痕。叶子底下是脉脉的流水，遮住了，不能见一些颜色；而叶子却更见风致了。

月光如流水一般，静静地泻在这一片叶子和花上。薄薄的青雾浮起在荷塘里。叶子和花仿佛在牛乳中洗过一样；又像笼着轻纱的梦。虽然是满月，天上却有一层淡淡的云，所以不能朗照；但我以为这恰是到了好处——酣眠固不可少，小睡也别有风味的。月光是隔了树照过来的，高处丛生的灌木，落下参差的斑驳的黑影，峭楞楞如鬼一般；弯弯的杨柳的稀疏的倩影，却又像是画在荷叶上。塘中的月色并不均匀；但光与影有着和谐的旋律，如梵婀玲上奏着的名曲。

荷塘的四面，远远近近，高高低低都是树，而杨柳最多。这些树将一片荷塘重重围住；只在小路一旁，漏着几段空隙，像是特为月光留下的。树色一例是阴阴的，乍看像一团烟雾；但杨柳的丰姿，便在烟雾里也辨得出。树梢上隐隐约约的是一带远山，只有些大意罢了。树缝里也漏着一两点路灯光，没精打采的，是渴睡人的眼。这时候最热闹的，要数树上的蝉声与水里的蛙声；但热闹是他们的，我什么也没有。

第五课　音　节

应知导航

1. 掌握声母和韵母的拼合规律。
2. 掌握普通话音节拼读的方法。
3. 掌握普通话音节的拼写规则。

知识探究

一、音节的结构

音节是人们听感上所能自然分辨出来的最小的语音单位。它是语言的基本结构单位。一般情况下，一个汉字的读音就是一个音节，如"语音是语言的物质外壳"有 10 个汉字，也就有 10 个音节。还有一种特殊的现象是儿化词，如"花儿"（huār），两个字的读音是一个音节。

> 微 课
>
> 音节的结构
> 和拼读

（一）音节结构的分析

根据音节的组成部分，音节结构的分析包括音素分析和声韵调分析。

1. 音素分析

音节是由一个或几个音素组成的，如 tong 可以分为 t、o、ng 3 个音素。音素分析注重语音的发音特性，较为细致地分析了语音的音节结构。音素分析来自西方的语音分析法，虽然比较细致，但相对忽略了汉语的声调特性，因此音素分析并不常用。

2. 声韵调分析

音节一般由声母、韵母和声调 3 部分组成。音节开头的部分一般是声母。有的音节没有声母，即零声母，只有韵母独立构成音节，这种音节称为"零声母音节"。声母后面的部分是韵母，比较复杂的音节的韵母包括韵头、韵腹和韵尾。例如 zhuang，声母为 zh，韵母为 uang，韵母还可以分为韵头 u、韵腹 a 和韵尾 ng。

（二）音节结构的特点

音节结构具有以下特点。

（1）每个音节最少要由 3 个部分组成，即声母、韵母和声调。音节的声母可以是零声母，韵母中可以没有韵头和韵尾，但必须有韵腹。例如，"吴"（wú）

由零声母、韵腹 u 和阳平声调组成。

（2）每个音节中必须有元音音素，最少 1 个，最多 3 个，而且这 3 个元音可以连续排列，分别充当韵母的韵头、韵腹和韵尾。

（3）韵头只能由 i、u、ü 充当，韵尾由元音 i 和 u 或鼻辅音 n 和 ng 充当。各元音都能充当韵腹，当韵母不止 1 个元音时，由开口度较大、舌位较低、发音较响亮的元音充当韵腹。

（4）辅音音素只出现在音节的开头（用作声母）或末尾（用作韵尾），没有辅音连续排列的情况。

（5）单韵母［除舌尖韵母 -i（前）、-i（后）外］、复韵母和鼻韵母（除 eng、ong 外）都能自成音节，其声母是零声母。

（三）声母和韵母的拼合规律

从理论上讲，声母和韵母都是可以相拼的，但在普通话中，有些声母和韵母拼出来的字是不存在的，如 fui、puan 等，可见普通话中声母和韵母的拼合是有规律的，具体规律如下。

（1）双唇音声母（b、p、m）、唇齿音（f）和舌尖中音声母（d、t）不能拼撮口呼韵母，而且双唇音声母与合口呼韵母相拼时，只能与合口呼韵母 u 拼。

（2）舌根音声母（g、k、h）、舌尖后音声母（zh、ch、sh、r）和舌尖前音声母（z、c、s）不能拼齐齿呼韵母和撮口呼韵母。

（3）舌面音声母（j、q、x）不能拼开口呼韵母和合口呼韵母。

（4）舌尖中音声母（n、l）能与四呼中的所有韵母相拼；韵母 ê、ueng 和 er 不能与任何声母相拼。

普通话语音声韵配合关系如表 2-5-1 所示。

表 2-5-1　普通话语音声韵配合关系

声母		韵母			
		开口呼	齐齿呼	合口呼	撮口呼
双唇音 b、p、m		+	+	+（限于 u）	−
唇齿音 f		+	−	+（限于 u）	−
舌尖中音	d、t	+	+	+	−
	n、l	+	+	+	+
舌根音 g、k、h		+	−	+	−
舌面音 j、q、x		−	+	−	+
舌尖后音 zh、ch、sh、r		+	−	+	−
舌尖前音 z、c、s		+	−	+	−
零声母（元音起）		+	+	+	+

注："+" 表示全部或局部声韵能相拼，"−" 表示不能相拼。

（四）常用音节

据统计，普通话语音的常用音节有 400 多个，在日常语言中经常使用的音节只占很少一部分，其中常用音节、次常用音节、又次常用音节只有 109 个。

常用音节有 14 个：de、shi、yi、bu、you、zhi、le、ji、zhe、wo、ren、li、ta、dao。

次常用音节有 33 个：zhong、zi、guo、shang、ge、men、he、wei、ye、da、gong、jian、jiu、xiang、zhu、lai、sheng、di、zai、ni、xiao、ke、yao、wu、yu、jie、jin、chan、zuo、jia、xian、quan、shuo。

又次常用音节有 62 个（略）。

这 109 个音节在普通话语音中的出现率约占音节总数的 75%。要学好普通话语音，应重点掌握这 109 个音节。

二、音节的拼读

（一）拼音要注意的问题

拼音就是把分析出来的声母、韵母和声调拼合起来，构成一个音节。在拼音时要注意以下问题。

1. 声母要读本音，而不是读呼读音

用声母拼音时，与平时读单个的声母不同，要求读本音，而不是读便于呼读的呼读音。发音时，声母要读得短而轻，这样就更接近于本音。韵母是发音中最响亮的部分，要重读。有人这样形象地总结发音的要领："前音轻短后音重，两音相连猛一碰。"具体发音时，发音器官先做好发某个声母本音的姿势，然后在发这个声母本音的同时把要相拼的韵母一起读出来。例如，发"shang"这个音时，先做发 sh 本音的姿势，在发本音的同时，气流冲破阻碍一起将 ang 读出来。

2. 声母、韵母之间不要有停顿

声母和韵母是连为一体的，在拼读时不要将它们分开。例如，拼"gài"（盖）时，如果 g 和 ai 间有了停顿，就会拼成 g（ē）-ài（爱）。

3. 要读准韵母的韵头

韵母中的复韵母和鼻韵母是由 2 个或 3 个音素组成的，有的还含有韵头，发音时一定要读准韵头，不要出现丢掉或改变韵头的情况。例如，拼"luan"时，丢掉韵头就会读成"lan"；拼"xue"时，如果韵头读不准，就会读成"xie"。

（二）拼音的方法

掌握好音节，除了读准声母、韵母和声调，还要掌握好拼音的方法。在音节的拼读过程中，重在发韵母，声母轻而短，再配上声调，一个音节的拼读过程就完成了。音节的拼读包括以下 2 种方法。

1. 两拼法

两拼法又可以分为以下 2 类。

（1）声母和韵母两拼法：声母和韵母两部分相拼。例如：

zh-āng → zhāng（张）　　ch-uāng → chuāng（窗）　　m-íng → míng（明）

（2）声母、韵头和韵身两拼法：先把声母和韵头合成一部分，然后和韵身相拼，适用于有韵头的音节。例如：

ji-āng → jiāng（江）　　　xi-āng → xiāng（香）　　　　hu-ái → huái（淮）

2. 三拼法

把韵头单独列出，和声母、韵身组成 3 部分相拼，适用于有韵头的音节。例如：

j-i-āng → jiāng（江）　　q-u-án → quán（全）　　　zh-u-āng → zhuāng（庄）

三、音节的拼写

《汉语拼音方案》中对普通话音节的拼写有如下规定。

1. w、y 的使用规则

（1）韵母表中 i、in、ing 自成音节的时候，前面需加上 y。例如：

i → yī（一）　　　　　　　in → yīn（音）　　　　　　ing → yīng（英）

如果在 i 后还有元音的，自成音节时，要将 i 改为 y。例如：

ia → yǎ（雅）　　　　　　ie → yē（耶）　　　　　iao → yào（药）

ian → yān（烟）　　　　　iang → yāng（央）

（2）韵母表中 u 列的韵母自成音节时，前面需加 w。例如：

u → wū（乌）

如果在 u 之后还有元音的，自成音节时，要将 u 改为 w。例如：

ua → wá（娃）　　　　uai → wài（外）　　　　　uan → wàn（万）

uang → wǎng（网）　　uei → wéi（维）　　　　　uen → wén（文）

ueng → wēng（翁）　　uo → wǒ（我）

从上述两项规则中，我们可以发现 w、y 起到了隔音的作用，如"大姨"二字连写成"daiyi"，很容易被认为是一个音节，用 y 后，可以写成"dayi"，音节的界限就很分明了。

2. 省写规则

（1）韵母 iou、uei、uen 的省写。iou、uei、uen 前面加声母时，要省掉 o 和 e，写成 iu、ui、un。例如：

d-uèi → duì（队）　　　x-iōu → xiū（休）　　　t-uēn → tūn（吞）

g-uèi → guì（柜）　　　n-ióu → niú（牛）　　　d-uēn → dūn（吨）

（2）ü 上两点的省写。

①韵母表中 ü 列的韵母前面没有声母的时候，在 ü 前加 y，而且 ü 上的两点要省写。例如：

y-ǘ → yú（鱼）　　　　　y-üè → yuè（越）

②韵母表中 ü 列的韵母跟声母 j、q、x 相拼的时候，省写两点。例如：

j-ǖ → jū（居）　　　　x-ǜ → xù（蓄）　　　　q-üè → què（确）

j-üé → jué（绝）　　　　　x-üě → xuě（雪）　　　　　　x-üān → xuān（宣）

j-ūn → jūn（君）　　　　　q-űn → qún（群）

3. 隔音符号

在《汉语拼音方案》中，关于隔音符号的使用有这样的规定：以 a、o、e 开头的音节连接在其他音节后面的时候，如果音节的界限发生混淆，用隔音符号（'）隔开。例如：

Xī'ān（西安）　　　　　dàng'àn（档案）　huā'è（花萼）　　　kù'ài（酷爱）

4. 标调规则

（1）声调标在韵腹上。例如：

mǎ（马）　　　　　mài（卖）　　　　　miǎo（秒）　　　　　miè（灭）

chuāng（窗）　　　qián（前）　　　　zhāng（章）

（2）在 iu、ui 两个韵母中，规定声调标在后面的 u 或 i 上。例如：

duì（队）　　　　　xiū（休）　　　　　qiū（秋）　　　　　　tuì（退）

（3）轻声音节不标调。例如：

bièniu（别扭）　　　yuèliang（月亮）　zǎochen（早晨）　　　luóbo（萝卜）

（4）标原调，不标变调。例如：

shuǐguǒ（水果）而不是 shuíguǒ　　　　yǎnjiǎng（演讲）而不是 yánjiǎng

（5）调号正好标在 i 的上面，则 i 上面的小点要省掉。例如：

xī（西）　　　　　　duì（对）　　　　　yì（易）

标调规则可总结为以下口诀：

a 母出现莫放过，没有 a 母找 o、e，i、u 并列标在后，i 上标调把点抹。

知识拓展

汉语拼音音节表

b	ba	bo	bi	bu	bai	bei	bao	bie	ban
	ben	bin	bang	beng	bing	bian	biao		
p	pa	po	pi	pu	pai	pei	pao	pou	pie
	pan	pen	pin	pang	peng	ping	pian	piao	
m	ma	mo	me	mi	mu	mai	mei	mao	mou
	miu	mie	man	men	min	mang	meng	ming	mian
	miao								
f	fa	fo	fu	fei	fou	fan	fen	fang	feng
d	da	de	di	du	dai	dei	dui	dao	dou
	diu	die	dan	den	dun	dang	deng	ding	dong
	dia	dian	diao	duan	duo				
t	ta	te	ti	tu	tai	tei	tui	tao	tou

	tie	tan	tun	tang	teng	ting	tong	tian	tiao
	tuan	tuo							
n	na	ne	ni	nu	nü	nai	nei	nao	nou
	niu	nie	nüe	nan	nen	nin	nang	neng	ning
	nong	nian	niang	niao	nuan	nuo			
l	la	lo	le	li	lu	lü	lai	lei	lao
	lou	liu	lie	lüe	lan	lin	lun	lang	leng
	ling	long	lia	lian	liang	liao	luan	luo	
g	ga	ge	gu	gai	gei	gui	gao	gou	gan
	gen	gun	gang	geng	gong	gua	guai	guan	guang
	guo								
k	ka	ke	ku	kai	kei	kui	kao	kou	kan
	ken	kun	kang	keng	kong	kua	kuai	kuan	kuang
	kuo								
h	ha	he	hu	hai	hei	hui	hao	hou	han
	hen	hun	hang	heng	hong	hua	huai	huan	huang
	huo								
j	ji	ju	jiu	jie	jue	jin	jun	jing	jia
	jian	jiang	jiao	jiong	juan				
q	qi	qu	qiu	qie	que	qin	qun	qing	qia
	qian	qiang	qiao	qiong	quan				
x	xi	xu	xiu	xie	xue	xin	xun	xing	xia
	xian	xiang	xiao	xiong	xuan				
zh	zha	zhe	zhu	zhai	zhei	zhui	zhao	zhou	zhan
	zhen	zhun	zhang	zheng	zhong	zhua	zhuai	zhuan	zhuang
	zhuo								
ch	cha	che	chu	chai	chui	chao	chou	chan	chen
	chun	chang	cheng	chong	chua	chuai	chuan	chuang	
	chuo								
sh	sha	she	shu	shai	shei	shui	shao	shou	shan
	shen	shun	shang	sheng	shua	shuai	shuan	shuang	
	shuo								
r	re	ru	rui	rao	rou	ran	ren	run	rang
	reng	rong	ruan	ruo					
z	za	ze	zu	zai	zei	zui	zao	zou	zan
	zen	zun	zang	zeng	zong	zuan	zuo		
c	ca	ce	cu	cai	cui	cao	cou	can	cen

	cun	cang	ceng	cong	cuan	cuo			
s	sa	se	su	sai	sui	sao	sou	san	sen
	sun	sang	seng	song	suan	suo			
y	ya	yo	yao	you	yan	yang	yong		
w	wa	wo	wai	wei	wan	wen	wang	weng	

整体认读音节：

yi　　wu　　yu　　ye　　yue　　yin　　ying　　yuan　　yun

zhi　　chi　　shi　　ri　　zi　　ci　　si

学以致用

1. 朗读下列词语。

第一组：文雅　昂扬　友谊　万物　愿意　娃娃　外文　嗡嗡　威武
　　　　演员　汪洋　恩爱　言语　鸳鸯　爱意

第二组：哥哥　妈妈　主力　扑克　如何　客气　米粒　这是　日子
　　　　脾气　沐浴　特务　技术　序曲　知识

第三组：加价　别家　谢谢　朵朵　阔绰　懦弱　说过　团圆　家家
　　　　国画　过节　贴画　妥帖　或缺　绰约

第四组：采摘　美好　财宝　白菜　绕开　振奋　沧桑　能人　港口
　　　　红色　当然　奔走　拼凑　通信　恳谈

第五组：标准　嚷嚷　丢掉　遵循　水准　创想　谬论　响亮　辉煌
　　　　熊熊　旋转　关怀　光亮　全球　摔坏

2. 练习下列绕口令。

（1）水中映着彩霞，水面游着花鸭。霞是五彩霞，鸭是麻花鸭。麻花鸭游进五彩霞，五彩霞网住麻花鸭。乐坏了鸭，拍碎了霞，分不清是鸭还是霞。

（2）哥哥弟弟坡前坐，坡上卧着一只鹅，坡下流着一条河。哥哥说：宽宽的河。弟弟说：白白的鹅。鹅要过河，河要渡鹅。不知是鹅过河，还是河渡鹅。

（3）白猫黑鼻子，黑猫白鼻子；黑猫的白鼻子，碰破了白猫的黑鼻子。白猫的黑鼻子破了，剥了秕谷壳儿补鼻子；黑猫的白鼻子不破，不剥秕谷壳儿补鼻子。

3. 用普通话朗读短文。

囚绿记（节选）

陆　蠡

　　这房间靠南的墙壁上，有一个小圆窗，直径一尺左右。窗是圆的，却嵌着一块六角形的玻璃，并且左下角是打碎了，留下一个大孔隙，手可以随意伸进伸出。圆窗外面长着常春藤。当太阳照过它繁密的枝叶，透到我房里来的时候，便有一片绿影。我便是欢喜这片绿影才选定这房间的。当公寓里的伙计替我提了随身小提箱，领我到这房间来的时候，我瞥见这绿影，感觉到一种喜悦，便毫不犹疑地决定下来，这样了截爽直使公寓里伙计都惊奇了。

绿色是多宝贵的啊！它是生命，它是希望，它是慰安，它是快乐。我怀念着绿色把我的心等焦了。我欢喜看水白，我欢喜看草绿。我疲累于灰暗的都市的天空和黄漠的平原，我怀念着绿色，如同涸辙的鱼盼等着雨水！我急不暇择的心情即使一枝之绿也视同至宝。当我在这小房中安顿下来，我移徙小台子到圆窗下，让我面朝墙壁和小窗。门虽是常开着，可没人来打扰我，因为在这古城中我是孤独而陌生的。但我并不感到孤独。我忘记了困倦的旅程和已往的许多不快的记忆。我望着这小圆洞，绿叶和我对语。我了解自然无声的语言，正如它了解我的语言一样。

我快活地坐在我的窗前。度过了一个月，两个月，我留恋于这片绿色。我开始了解渡越沙漠者望见绿洲的欢喜，我开始了解航海的冒险家望见海面飘来花草的茎叶的欢喜。人是在自然中生长的，绿是自然的颜色。

我天天望着窗口常春藤的生长。看它怎样伸开柔软的卷须，攀住一根缘引它的绳索，或一茎枯枝；看它怎样舒开折叠着的嫩叶，渐渐变青，渐渐变老，我细细观赏它纤细的脉络，嫩芽，我以揠苗助长的心情，巴不得它长得快，长得茂绿。下雨的时候，我爱它淅沥的声音，婆娑的摆舞。

忽然有一种自私的念头触动了我。我从破碎的窗口伸出手去，把两枝浆液丰富的柔条牵进我的屋子里来，叫它伸长到我的书案上，让绿色和我更接近，更亲密。我拿绿色来装饰我这简陋的房间，装饰我过于抑郁的心情。我要借绿色来比喻葱茏的爱和幸福，我要借绿色来比喻猗郁的年华。我囚住这绿色如同幽囚一只小鸟，要它为我作无声的歌唱。

第六课　音　变

应知导航

1. 了解普通话中常见的音变现象。
2. 掌握变调的发音要领。
3. 掌握词语读轻声的规律。
4. 掌握儿化韵的发音规律。

　　人在说话时，音节并不是一个一个单独说出来的，而是连着说出来，形成一串串连续的语流。在连续的语流中，相连的音节与音节、音素与音素之间有时会相互影响，产生音变。音变现象在普通话口语中非常普遍。掌握了音变，说出来的普通话不但标准规范，而且纯正地道、自然流畅；反之，如果不进行音变，说的话就会让人觉得生硬僵直。

一、变调

　　变调是指语流中某个声调受到相邻字音的影响，与单读时相比，声调发生变化的现象。例如"领导"中的"领"和"导"，单读时调值都为 214，连起来读时，"领"受到后面"导"的影响，改读为 35 调。

　　普通话主要有以下几种变调现象。

（一）上声的变调

　　上声调值在以下 2 种情况下不变：一种情况是上声字单读时，如"美""好"两个字单独读时，上声调值不发生改变；另一种情况是读多音节词语末尾的上声字时，如"美好"两个字连读时，"好"字仍读上声。

微 课

上声的变调

　　在下列情况下，上声的调值会发生变化。

1. 上声与上声相连

　　（1）2 个上声相连（上声＋上声）。前一个音节调值由 214 变为 35。例如：

勇敢 yǒnggǎn　　　　理想 lǐxiǎng　　　了解 liǎojiě　　　古典 gǔdiǎn

　　（2）3 个上声相连（上声＋上声＋上声）。有 2 种情况：一种情况是第一个音节调值变为 21，第二个音节调值变为 35。例如"党小组"（dǎngxiǎozǔ）、"很勇敢"（hěnyǒnggǎn）、"孔乙己"（Kǒng Yǐjǐ），其中的"党""很""孔"都读 21 调，"小""勇""乙"都读 35 调；另一种情况是前两个音节调值都变为 35，例如"手写体"（shǒuxiětǐ）、"展览馆"（zhǎnlǎnguǎn）、"管理者"（guǎnlǐzhě），其中的"手写""展览""管理"都要变读为 35 调。

　　（3）3 个以上的上声相连（上声＋上声＋上声……）。可以根据上述 3 个上声相连的情况变读；快读时，只要保留最后一个音节读 214 调，前面的一律变读为 35 调。例如"永远友好"可以是"永""友"变读为 35 调，也可以是"永""远""友"都变读为 35 调；"我很了解你"可以是"我""很""了"变读为 35 调，也可以是"我""很""了""解"都变读为 35 调。

2. 上声和非上声相连

　　（1）上声和轻声相连（上声＋轻声）。

　　①上声和原为上声改读的轻声音节相连。上声音节的变调有 2 种情况：一

种是读作 35 调，另一种是读作 21 调。例如"讲讲"（jiǎngjiang）、"想起"（xiǎngqi）和"等等"（děngdeng）中的前一个音节都要变读为 35 调；"姐姐"（jiějie）、"毯子"（tǎnzi）和"碾子"（niǎnzi）中的前一个音节都要变读为 21 调。

② 上声和原为非上声改读的轻声音节相连。在读轻声音节前，上声音节要变读为 21 调。例如：

上声＋阴平改读的轻声：比方 bǐfang　　眼睛 yǎnjing

上声＋阳平改读的轻声：老爷 lǎoye　　本钱 běnqian

上声＋去声改读的轻声：寡妇 guǎfu　　脑袋 nǎodai

在上述例子中，"比""眼""老""本""寡""脑"都要变读为 21 调。

（2）上声和阴平相连（上声＋阴平）。在读阴平音节前，上声音节要变读为 21 调。例如：

海军 hǎijūn　　女兵 nǚbīng　　首都 shǒudū　　火车 huǒchē

其中的"海""女""首""火"都要变读为 21 调。

（3）上声和阳平相连（上声＋阳平）。在读阳平音节前，上声音节要变读为 21 调。例如：

海洋 hǎiyáng　　朗读 lǎngdú　　理由 lǐyóu　　旅行 lǚxíng

其中的"海""朗""理""旅"都要变读为 21 调。

（4）上声和去声相连（上声＋去声）。在读去声音节前，上声音节要变读为 21 调。例如：

讨论 tǎolùn　　鼓励 gǔlì　　保证 bǎozhèng　　坦率 tǎnshuài

其中的"讨""鼓""保""坦"都要变读为 21 调。

（二）去声的变调

去声在非去声音节前面，调值不变，仍是 51。例如，"告辞"（gàocí）和"冒险"（màoxiǎn）中的"告"和"冒"的调值不变。在两个去声相连时，如果前一个音节不是重读音节，调值一般要变为 53。例如，"大会"（dàhuì）、"事故"（shìgù）和"现在"（xiànzài），"大""事""现"的调值都要变为 53。

（三）"一""不"的变调

1. "一"的变调

"一"为阴平字，调值为 55，在下列情况下，调值仍为 55："一"字单独读的时候；"一"作为序数的时候，例如"一班"；"一"处在词句末尾的时候，例如"统一""万一""专一"等。

"一"字变调的情况有以下几种。

（1）在去声前，"一"变阳平，调值为 35。例如：

一半（yíbàn）　　一辆（yíliàng）　　一块（yíkuài）　　一段（yíduàn）

一对（yíduì）　　一样（yíyàng）

（2）在非去声前，也就是在阴平、阳平和上声前，"一"变去声，调值为51。例如：

"一"＋阴平：一般（yìbān）一家（yìjiā）　一锅（yìguō）　一吨（yìdūn）

"一"＋阳平：一直（yìzhí）一行（yìháng）　一年（yìnián）　一时（yìshí）

"一"＋上声：一捆（yìkǔn）一举（yìjǔ）　　一手（yìshǒu）　一早（yìzǎo）

（3）在重叠的动词之间，"一"变读为轻声。例如：

谈一谈（tányitán）　想一想（xiǎngyixiǎng）

笑一笑（xiàoyixiào）拖一拖（tuōyituō）

2. "不"的变调

"不"为去声字，调值为51，在下列情况下，"不"的调值不变："不"字单独读的时候；"不"在词句的末尾时，如"何不"和"偏不"；"不"在非去声音节（阴平、阳平和上声）前时，如"不依""不能""不想"。

"不"字变调的情况有以下几种。

（1）在去声前，"不"变读为阳平，调值为35。例如：

不幸（búxìng）　　　不利（búlì）　　　不用（búyòng）

不愿（búyuàn）　　　不断（búduàn）

（2）在重叠的动词之间，"不"变读为轻声。例如：

来不来（láibulái）　　　　　　　行不行（xíngbuxíng）

能不能（néngbunéng）　　　　　看不看（kànbukàn）

（四）形容词重叠的变调

1. 单音节形容词重叠后儿化

单音节形容词重叠构成的词语，一般不变调，但是在单音节形容词重叠后儿化时，第二个音节要变读为阴平，调值为55。例如：

高高儿的（gāogāorde）　　　　　圆圆儿的（yuányuānrde）

好好儿的（hǎohāorde）　　　　　慢慢儿的（mànmānrde）

第二个音节"高""圆""好""慢"要变读为55调。

2. 单音节形容词加上叠音后缀

单音节形容词加上叠音后缀后，叠音后缀一般要变读为阴平，调值为55。例如：

红通通（hóngtōngtōng）　　　　黑洞洞（hēidōngdōng）（口语）

毛乎乎（máohūhū）　　　　　　冷飕飕（lěngsōusōu）

也有读原调的，如"软绵绵""喜洋洋"等。

3. 双音节形容词重叠后构成四音节形容词

双音节形容词重叠后构成的四音节形容词，第二个音节变读为轻声，第三、四个音节多数要变读为阴平，调值为55，也可以不变。例如：

漂漂亮亮（piàopiaoliāngliāng）　　　严严实实（yányanshíshí）

热热闹闹（rèrenàonào）　　　　　　　　干干净净（gānganjìngjìng）

二、轻声

在字和字组合成词和句子的时候，有些音节失去原有的调值，变成一种又短又轻的调子，这种音变现象就称为"轻声"。轻声是普通话中一种特殊的音变，和一般的四声相比，轻声音节读得又短又轻。轻声不是指四声之外的第五种声调，而只是声调的一种特殊音变。例如，"东西"（dōngxī）表示方位，"东西"（dōngxi）表示物品，前一个"西"读本来的55调，后一个"西"失去了原有的调值，变为轻声。轻声没有固定的调值，轻声字不标调，轻声词多为常用词。话语中有了轻声，轻重相配，语流就起伏有致，富有乐感。在普通话中，轻声的使用频率很高。轻声既是普通话学习的难点，也是普通话水平测试考查的重要内容。

微课

轻声

1. 读轻声的词语

轻声词有两类：一类是习惯读轻声的词，这类轻声词比较多，而且不容易把握；另一类是有规律地读轻声的词，这类轻声词相对来说好把握一些。

在普通话中下列词语要读轻声。

（1）结构助词"的""地""得"和动态助词"着""了""过"，还有语气助词"吧""嘛""呢""啊""吗"等。例如：

黑的 hēi de　　　　　高兴地 gāoxìng de　　　　　　做得好 zuòdehǎo
笑着 xiàozhe　　　　　走了 zǒule　　　　　看过 kànguo
好吧 hǎo ba　　　　　就是嘛 jiùshì ma　　　管他呢 guǎntā ne
是啊 shì a　　　　　　是吗 shì ma

（2）名词后缀如"子""头"和表示复数的"们"等。例如：

桌子 zhuōzi　　　　　影子 yǐngzi　　　　孩子 háizi
丫头 yātou　　　　　馒头 mántou　　　　罐头 guàntou
我们 wǒmen　　　　　你们 nǐmen　　　　它们 tāmen

但是，"原子""电子"等词中的"子"仍读原调，不读轻声。

（3）名词、代词后面表示方位的语素或词"上""下"等。例如：

房间里 fángjiān li　　箱子里 xiāngzi li　这边 zhèbian　　　那边 nàbian
上面 shàngmian　　　下面 xiàmian　　　天上 tiānshang　地下 dìxia

（4）动词、形容词之后表示趋向的动词"来""去""起来"等。例如：

进来 jìnlai　　　　　拿来 nálai　　　　出去 chūqu　　　　下去 xiàqu
跑起来 pǎo qǐlai　　跳起来 tiào qǐlai　说出来 shuō chūlai
抢回来 qiǎng huílai　冷下去 lěng xiàqu　暗下去 àn xiàqu

（5）重叠式的动词、名词后面一个音节读轻声。例如：

坐坐 zuòzuo　　　　　试试 shìshi　　　　尝尝 chángchang
星星 xīngxing　　　　宝宝 bǎobao　　　妈妈 māma

哥哥 gēge　　　　　　姥姥 lǎolao　　　　娃娃 wáwa

（6）量词"个"必读轻声。例如：

一个 yīge　　　　两个 liǎngge　　　　六个 liùge　　　　九个 jiǔge

（7）部分双音节单纯词，第二个音节要读轻声。例如：

琵琶 pípa　　　　　葡萄 pútao　　　　玫瑰 méigui

此外，还有一部分双音节词，第二个音节习惯上读轻声，这部分词没有规律，需要多读多记。例如：

先生（sheng）	姑娘（niang）	买卖（mai）	马虎（hu）
差事（shi）	家伙（huo）	事情（qing）	耳朵（duo）
行李（li）	客气（qi）	衣服（fu）	朋友（you）
哑巴（ba）	消息（xi）	功夫（fu）	石榴（liu）
苗条（tiao）	含糊（hu）	秧歌（ge）	玄乎（hu）
脑袋（dai）	蘑菇（gu）	时候（hou）	打听（ting）
点心（xin）	扁担（dan）	眼睛（jing）	见识（shi）
意思（si）	笑话（hua）	厚道（dao）	大夫（fu）
栅栏（lan）			

2. 轻声的作用

在普通话中，轻声是一种有重要作用的音变现象，主要有以下作用。

（1）区别词义。例如，"地方"（dìfāng）指与中央相对的行政区划，而"地方"（dìfang）指空间的一部分。前一个"地方"中的"方"读原调，后一个"地方"中的"方"读轻声，两者的意义有很大的不同。又如，"地道"（dìdào）指地下通道，"地道"（dìdao）指纯粹、真正。

（2）区分词性。例如，"大意"（dàyì）指主要内容，"大意"（dàyi）指马虎、粗心、不认真。前一个"大意"中的"意"读原调，后一个"大意"中的"意"读轻声，两者的词性就有了区别，前一个是名词，后一个是形容词。又如，"利害"（lìhài）是名词，"利害"（lìhai）是形容词、副词。

三、儿化

儿化是指带后缀"儿"的词的韵母带上卷舌音色彩的一种音变现象。被儿化了的韵母叫作"儿化韵"，如"花儿"（huar）。儿化韵是普通话语音的一个特点，发音时韵母随着之后的 er 同时卷舌，er 失去独立性，如"花儿"中的"儿"就不具独立性，不是一个独立的音节，也不是音素。普通话的大多数韵母都可以儿化。

1. 儿化韵的发音

用汉语拼音写儿化音节时，只需在原有音节后加上 r 即可，如"馅儿"（xiànr）、"有趣儿"（yǒuqùr）等。

儿化韵的发音规律比较复杂，大体可以分为以下几种情况。

（1）韵母是 a、o、e、u、ia、ua、uo、ie、üe、ao、iao、ou、iou 的，儿化时韵母直接卷舌。例如，"刀把儿"（dāobàr）、"水珠儿"（shuǐzhūr）、"鲜花儿"（xiānhuār）、"铁锅儿"（tiěguōr）、"名角儿"（míngjuér）、"棉袄儿"（mián'ǎor）、"小猴儿"（xiǎohóur）等。

（2）韵尾是 i、n 的，儿化时丢掉韵尾，主要元音卷舌，这类韵母有 ai、uai、ei、uei、an、ian、uan、üan、en、uen。例如，"一块儿"（yīkuàir）、"没准儿"（méizhǔnr）、"作文儿"（zuòwénr）、"大院儿"（dàyuànr）、"一点儿"（yīdiǎnr）、"背心儿"（bèixīnr）、"大门儿"（dàménr）等。

（3）韵母是 i、ü 的，儿化时直接卷舌。例如，"有趣儿"（yǒuqùr）、"小鸡儿"（xiǎojīr）、"眼皮儿"（yǎnpír）、"小曲儿"（xiǎoqǔr）等。

（4）韵母是 -i（前）、-i（后）的，儿化时变成 er。例如，"瓜子儿"（guāzǐr）、"果汁儿"（guǒzhīr）、"树枝儿"（shùzhīr）、"汉字儿"（hànzìr）等。

（5）韵尾是 ng 的，儿化时丢掉韵尾，韵腹变为鼻化音。例如，"帮忙儿"（bāngmángr）、"药方儿"（yàofāngr）、"木桶儿"（mùtǒngr）、"信封儿"（xìnfēngr）、"蛋黄儿"（dànhuángr）、"电影儿"（diànyǐngr）、"小熊儿"（xiǎoxióngr）、"花瓶儿"（huāpíngr）等。

2. 儿化的作用

普通话中的"儿化"现象有以下 3 个作用。

（1）区别词性。例如：

盖（gài）（动词）——盖儿（gàir）（名词）

尖（jiān）（形容词）——尖儿（jiānr）（名词）

破烂（pòlàn）（形容词）——破烂儿（pòlànr）（名词）

（2）区分词义。例如：

信（xìn）（书信）——信儿（xìnr）（消息）

头（tóu）（脑袋）——头儿（tóur）（领头的、领导）

一点（yìdiǎn）（时间）——一点儿（yīdiǎnr）（极少或极小的部分）

（3）表示亲切、喜爱等感情色彩。例如：

小孩儿（xiǎoháir）　　小鱼儿（xiǎoyúr）　　　宝贝儿（bǎobèir）

小曲儿（xiǎoqǔr）　　小不点儿（xiǎobudiǎnr）

3. 儿化绕口令

（1）有这么一个人儿，扛着袋面粉儿，拿着个面盆儿，还举着根擀面棍儿。到了家进不去门儿，急坏了这个人儿。放下面粉儿、面盆儿、擀面棍儿，打开门儿，扛起面粉儿，拿起面盆儿却忘了那根擀面棍儿。你说逗人儿不逗人儿！

（2）一个老头儿，上山头儿，砍木头，砍了这头儿砍那头儿。对面儿来了个小丫头儿，给老头儿送来一盘儿小馒头儿，没留神儿，撞上一块大木头，栽了一个大跟头儿。

（3）进了门儿，倒杯水儿，喝了两口儿运运气儿，顺手拿起小唱本儿，唱了一曲儿又一曲儿，练完嗓子练嘴皮儿。绕口令儿，练字音儿，还有单弦儿牌子曲儿，小快板儿大鼓词儿，越说越唱越带劲儿。

（4）有个小孩儿叫小兰儿，挑着水桶上庙台儿，摔了一个跟头拣了个钱儿。又打醋，又买盐儿，还买了一个小饭碗儿。小饭碗儿，真好玩儿，没有边儿没有沿儿，中间儿还有个小红点儿。

四、语气词"啊"的音变

语气词"啊"是零声母音节，通常在一句话的末尾，在发音时常常受到前一个音节的影响而产生音变，这种变化有一定的规律，具体如下。

（1）前一个音节的韵腹或韵尾（也就是最后一个音素）为 i、ü、a、o、e、ê 时，"啊"变读为"ya"，写作"呀"。例如，"看戏呀"（kànxì ya）、"吃鱼呀"（chīyú ya）、"快刷呀"（kuàishuā ya）、"烤火呀"（kǎohuǒ ya）、"快写呀"（kuàixiě ya）等。

（2）前一个音节的最后一个音素为 u 时，"啊"变读为"wa"，写作"哇"。例如，"好苦哇"（hǎokǔ wa）、"走哇"（zǒu wa）、"好哇"（hǎo wa）等。

（3）前一个音节的最后一个音素为 n 时，"啊"变读为"na"，写作"哪"。例如，"好笨哪"（hǎobèn na）、"转弯哪"（zhuǎnwān na）、"老天哪"（lǎotiān na）、"真俊哪"（zhēnjùn na）、"多难哪"（duōnán na）等。

（4）前一个音节的最后一个音素为 ng 时，"啊"读作"nga"，仍写作"啊"。例如，"真香啊"（zhēnxiāng nga）、"好冷啊"（hǎolěng nga）、"别动啊"（biédòng nga）、"这样啊"（zhèyàng nga）、"真好听啊"（zhēnhǎotīng nga）、"不行啊"（bùxíng nga）等。

（5）前一个音节的最后一个音素为 -i（后）和 er 时，"啊"变读为"ra"，仍写作"啊"。例如，"就是啊"（jiùshì ra）、"老师啊"（lǎoshī ra）、"好吃啊"（hǎochī ra）等。

（6）前一个音节的最后一个音素是 -i（前）时，"啊"变读为"za"，仍写作"啊"。例如，"下次啊"（xiàcì za）、"鞋子啊"（xiézi za）等。

知识拓展

普通话水平测试用必读轻声词语表

说明：

1．本表根据《普通话水平测试用普通话词语表》编制。

2．本表供普通话水平测试第二项——读多音节词语（100个音节）测试使用。

3．条目中的非轻声音节只标本调，不标变调；条目中的轻声音节，注音不标调号，如"明白"（míngbai）。

爱人 àiren	案子 ànzi	巴掌 bāzhang	把子 bǎzi
把子 bàzi	爸爸 bàba	白净 báijing	班子 bānzi
板子 bǎnzi	帮手 bāngshou	梆子 bāngzi	膀子 bǎngzi
棒槌 bàngchui	棒子 bàngzi	包袱 bāofu	包涵 bāohan
包子 bāozi	豹子 bàozi	杯子 bēizi	被子 bèizi
本事 běnshi	本子 běnzi	鼻子 bízi	比方 bǐfang
鞭子 biānzi	扁担 biǎndan	辫子 biànzi	别扭 bièniu
饼子 bǐngzi	拨弄 bōnong	脖子 bózi	簸箕 bòji
补丁 bǔding	不由得 bùyóude	不在乎 bùzàihu	步子 bùzi
部分 bùfen	财主 cáizhu	裁缝 cáifeng	苍蝇 cāngying
差事 chāishi	柴火 cháihuo	肠子 chángzi	厂子 chǎngzi
场子 chǎngzi	车子 chēzi	称呼 chēnghu	池子 chízi
尺子 chǐzi	虫子 chóngzi	绸子 chóuzi	除了 chúle
锄头 chútou	畜生 chùsheng	窗户 chuānghu	窗子 chuāngzi
锤子 chuízi	刺猬 cìwei	凑合 còuhe	村子 cūnzi
牟拉 dāla	答应 dāying	打扮 dǎban	打点 dǎdian
打发 dǎfa	打量 dǎliang	打算 dǎsuan	打听 dǎting
大方 dàfang	大爷 dàye	大夫 dàifu	带子 dàizi
袋子 dàizi	单子 dānzi	耽搁 dānge	耽误 dānwu
胆子 dǎnzi	担子 dànzi	刀子 dāozi	道士 dàoshi
稻子 dàozi	灯笼 dēnglong	凳子 dèngzi	提防 dīfang
笛子 dízi	底子 dǐzi	地道 dìdao	地方 dìfang
弟弟 dìdi	弟兄 dìxiong	点心 diǎnxin	调子 diàozi
钉子 dīngzi	东家 dōngjia	东西 dōngxi	动静 dòngjing
动弹 dòngtan	豆腐 dòufu	豆子 dòuzi	嘟囔 dūnang
肚子 dǔzi	肚子 dùzi	缎子 duànzi	队伍 duìwu
对付 duìfu	对头 duìtou	多么 duōme	蛾子 ézi
儿子 érzi	耳朵 ěrduo	贩子 fànzi	房子 fángzi
废物 fèiwu	份子 fènzi	风筝 fēngzheng	疯子 fēngzi
福气 fúqi	斧子 fǔzi	盖子 gàizi	甘蔗 gānzhe
杆子 gānzi	杆子 gǎnzi	干事 gànshi	杠子 gàngzi
高粱 gāoliang	膏药 gāoyao	稿子 gǎozi	告诉 gàosu
疙瘩 gēda	哥哥 gēge	胳膊 gēbo	鸽子 gēzi
格子 gézi	个子 gèzi	根子 gēnzi	跟头 gēntou
工夫 gōngfu	弓子 gōngzi	公公 gōnggong	功夫 gōngfu

钩子 gōuzi　　　　姑姑 gūgu　　　　姑娘 gūniang　　　　谷子 gǔzi

骨头 gǔtou　　　　故事 gùshi　　　　寡妇 guǎfu　　　　褂子 guàzi

怪物 guàiwu　　　　关系 guānxi　　　　官司 guānsi　　　　罐头 guàntou

罐子 guànzi　　　　规矩 guīju　　　　闺女 guīnü　　　　鬼子 guǐzi

柜子 guìzi　　　　棍子 gùnzi　　　　锅子 guōzi　　　　果子 guǒzi

蛤蟆 háma　　　　孩子 háizi　　　　含糊 hánhu　　　　汉子 hànzi

行当 hángdang　　　合同 hétong　　　和尚 héshang　　　核桃 hétao

盒子 hézi　　　　红火 hónghuo　　　猴子 hóuzi　　　　后头 hòutou

厚道 hòudao　　　　狐狸 húli　　　　胡萝卜 húluóbo　　　胡琴 húqin

糊涂 hútu　　　　护士 hùshi　　　　皇上 huángshang　　幌子 huǎngzi

活泼 huópo　　　　火候 huǒhou　　　伙计 huǒji　　　　机灵 jīling

脊梁 jǐliang　　　　记号 jìhao　　　　记性 jìxing　　　　夹子 jiāzi

家伙 jiāhuo　　　　架势 jiàshi　　　　架子 jiàzi　　　　嫁妆 jiàzhuang

尖子 jiānzi　　　　茧子 jiǎnzi　　　　剪子 jiǎnzi　　　　见识 jiànshi

毽子 jiànzi　　　　将就 jiāngjiu　　　交情 jiāoqing　　　饺子 jiǎozi

叫唤 jiàohuan　　　轿子 jiàozi　　　　结实 jiēshi　　　　街坊 jiēfang

姐夫 jiěfu　　　　姐姐 jiějie　　　　戒指 jièzhi　　　　金子 jīnzi

精神 jīngshen　　　镜子 jìngzi　　　　舅舅 jiùjiu　　　　橘子 júzi

句子 jùzi　　　　卷子 juànzi　　　　咳嗽 késou　　　　客气 kèqi

空子 kòngzi　　　　口袋 kǒudai　　　　口子 kǒuzi　　　　扣子 kòuzi

窟窿 kūlong　　　　裤子 kùzi　　　　快活 kuàihuo　　　筷子 kuàizi

框子 kuàngzi　　　阔气 kuòqi　　　　喇叭 lǎba　　　　喇嘛 lǎma

篮子 lánzi　　　　懒得 lǎnde　　　　浪头 làngtou　　　老婆 lǎopo

老实 lǎoshi　　　　老太太 lǎotàitai　老头子 lǎotóuzi　　老爷 lǎoye

老子 lǎozi　　　　姥姥 lǎolao　　　　累赘 léizhui　　　篱笆 líba

里头 lǐtou　　　　力气 lìqi　　　　厉害 lìhai　　　　利落 lìluo

利索 lìsuo　　　　例子 lìzi　　　　栗子 lìzi　　　　痢疾 lìji

连累 liánlei　　　　帘子 liánzi　　　　凉快 liángkuai　　粮食 liángshi

两口子 liǎngkǒuzi　料子 liàozi　　　　林子 línzi　　　　翎子 língzi

领子 lǐngzi　　　　溜达 liūda　　　　聋子 lóngzi　　　　笼子 lóngzi

炉子 lúzi　　　　路子 lùzi　　　　轮子 lúnzi　　　　萝卜 luóbo

骡子 luózi　　　　骆驼 luòtuo　　　　妈妈 māma　　　　麻烦 máfan

麻利 máli　　　　麻子 mázi　　　　马虎 mǎhu　　　　码头 mǎtou

买卖 mǎimai　　　麦子 màizi　　　　馒头 mántou　　　忙活 mánghuo

冒失 màoshi　　　帽子 màozi　　　　眉毛 méimao　　　媒人 méiren

妹妹 mèimei　　　门道 méndao　　　眯缝 mīfeng　　　迷糊 míhu

面子 miànzi	苗条 miáotiao	苗头 miáotou	名堂 míngtang
名字 míngzi	明白 míngbai	模糊 móhu	蘑菇 mógu
木匠 mùjiang	木头 mùtou	那么 nàme	奶奶 nǎinai
难为 nánwei	脑袋 nǎodai	脑子 nǎozi	能耐 néngnai
你们 nǐmen	念叨 niàndao	念头 niàntou	娘家 niángjia
镊子 nièzi	奴才 núcai	女婿 nǚxu	暖和 nuǎnhuo
疟疾 nüèji	拍子 pāizi	牌楼 páilou	牌子 páizi
盘算 pánsuan	盘子 pánzi	胖子 pàngzi	狍子 páozi
盆子 pénzi	朋友 péngyou	棚子 péngzi	脾气 píqi
皮子 pízi	痞子 pǐzi	屁股 pìgu	片子 piānzi
便宜 piányi	骗子 piànzi	票子 piàozi	漂亮 piàoliang
瓶子 píngzi	婆家 pójia	婆婆 pópo	铺盖 pūgai
欺负 qīfu	旗子 qízi	前头 qiántou	钳子 qiánzi
茄子 qiézi	亲戚 qīnqi	勤快 qínkuai	清楚 qīngchu
亲家 qìngjia	曲子 qǔzi	圈子 quānzi	拳头 quántou
裙子 qúnzi	热闹 rènao	人家 rénjia	人们 rénmen
认识 rènshi	日子 rìzi	褥子 rùzi	塞子 sāizi
嗓子 sǎngzi	嫂子 sǎozi	扫帚 sàozhou	沙子 shāzi
傻子 shǎzi	扇子 shànzi	商量 shāngliang	晌午 shǎngwu
上司 shàngsi	上头 shàngtou	烧饼 shāobing	勺子 sháozi
少爷 shàoye	哨子 shàozi	舌头 shétou	身子 shēnzi
什么 shénme	婶子 shěnzi	生意 shēngyi	牲口 shēngkou
绳子 shéngzi	师父 shīfu	师傅 shīfu	虱子 shīzi
狮子 shīzi	石匠 shíjiang	石榴 shíliu	石头 shítou
时候 shíhou	实在 shízai	拾掇 shíduo	使唤 shǐhuan
世故 shìgu	似的 shìde	事情 shìqing	柿子 shìzi
收成 shōucheng	收拾 shōushi	首饰 shǒushi	叔叔 shūshu
梳子 shūzi	舒服 shūfu	舒坦 shūtan	疏忽 shūhu
爽快 shuǎngkuai	思量 sīliang	算计 suànji	岁数 suìshu
孙子 sūnzi	他们 tāmen	它们 tāmen	她们 tāmen
台子 táizi	太太 tàitai	摊子 tānzi	坛子 tánzi
毯子 tǎnzi	桃子 táozi	特务 tèwu	梯子 tīzi
蹄子 tízi	挑剔 tiāoti	挑子 tiāozi	条子 tiáozi
跳蚤 tiàozao	铁匠 tiějiang	亭子 tíngzi	头发 tóufa
头子 tóuzi	兔子 tùzi	唾沫 tuòmo	挖苦 wāku
娃娃 wáwa	袜子 wàzi	晚上 wǎnshang	尾巴 wěiba
委屈 wěiqu	为了 wèile	位子 wèizi	蚊子 wénzi

稳当 wěndang	我们 wǒmen	屋子 wūzi	稀罕 xīhan
席子 xízi	媳妇 xífu	喜欢 xǐhuan	瞎子 xiāzi
匣子 xiázi	下巴 xiàba	吓唬 xiàhu	先生 xiānsheng
乡下 xiāngxia	箱子 xiāngzi	相声 xiàngsheng	消息 xiāoxi
小伙子 xiǎohuǒzi	小气 xiǎoqi	小子 xiǎozi	笑话 xiàohua
谢谢 xièxie	心思 xīnsi	星星 xīngxing	猩猩 xīngxing
行李 xíngli	性子 xìngzi	兄弟 xiōngdi	休息 xiūxi
秀才 xiùcai	秀气 xiùqi	袖子 xiùzi	靴子 xuēzi
学生 xuésheng	学问 xuéwen	丫头 yātou	鸭子 yāzi
衙门 yámen	哑巴 yǎba	胭脂 yānzhi	烟筒 yāntong
眼睛 yǎnjing	燕子 yànzi	秧歌 yāngge	养活 yǎnghuo
样子 yàngzi	吆喝 yāohe	妖精 yāojing	钥匙 yàoshi
椰子 yēzi	爷爷 yéye	叶子 yèzi	一辈子 yībèizi
衣服 yīfu	衣裳 yīshang	椅子 yǐzi	意思 yìsi
银子 yínzi	影子 yǐngzi	应酬 yìngchou	柚子 yòuzi
冤枉 yuānwang	院子 yuànzi	月饼 yuèbing	月亮 yuèliang
云彩 yúncai	运气 yùnqi	在乎 zàihu	咱们 zánmen
早上 zǎoshang	怎么 zěnme	扎实 zhāshi	眨巴 zhǎba
栅栏 zhàlan	宅子 zháizi	寨子 zhàizi	张罗 zhāngluo
丈夫 zhàngfu	帐篷 zhàngpeng	丈人 zhàngren	帐子 zhàngzi
招呼 zhāohu	招牌 zhāopai	折腾 zhēteng	这个 zhège
这么 zhème	枕头 zhěntou	芝麻 zhīma	知识 zhīshi
侄子 zhízi	指甲 zhǐjia（zhíjia）	指头 zhǐtou（zhítou）	
种子 zhǒngzi	珠子 zhūzi	竹子 zhúzi	主意 zhǔyi（zhúyi）
主子 zhǔzi	柱子 zhùzi	爪子 zhuǎzi	转悠 zhuànyou
庄稼 zhuāngjia	庄子 zhuāngzi	壮实 zhuàngshi	状元 zhuàngyuan
锥子 zhuīzi	桌子 zhuōzi	字号 zìhao	自在 zìzai
粽子 zòngzi	祖宗 zǔzong	嘴巴 zuǐba	作坊 zuōfang
琢磨 zuómo			

普通话水平测试用儿化词语表

说明：

1．本表参照《普通话水平测试用普通话词语表》及《现代汉语词典》编制。加＊的是以上二者未收，根据测试需要而酌增的条目。

2．本表仅供普通话水平测试第二项——读多音节词语（100个音节）测试使用。本表儿化音节，在书面上一律加"儿"，但并不表明所列词语在任何语用场合都必须儿化。

3．本表共收词190条，按儿化韵母的汉语拼音字母顺序排列。

4．本表列出原形韵母和所对应的儿化韵，用＞表示条目中儿化音节的注音，只在基本形式后面加 r，如"一会儿"（yīhuìr），不标语音上的实际变化。

5．描写儿化韵中的"："表示"："之前的是主要元音（韵腹），不是介音（韵头）。

注意：本表是借助汉语拼音描写儿化音节的实际发音，拼写时儿化音节要符合拼写规则。

1．

a ＞ ar	刀把儿 dāobàr	号码儿 hàomǎr
	戏法儿 xìfǎr	在哪儿 zàinǎr
	找碴儿 zhǎochár	打杂儿 dǎzár
	板擦儿 bǎncār	
ai ＞ ar	名牌儿 míngpáir	鞋带儿 xiédàir
	壶盖儿 húgàir	小孩儿 xiǎoháir
	加塞儿 jiāsāir	
an ＞ ar	快板儿 kuàibǎnr	老伴儿 lǎobànr
	蒜瓣儿 suànbànr	脸盘儿 liǎnpánr
	脸蛋儿 liǎndànr	收摊儿 shōutānr
	栅栏儿 zhàlanr	包干儿 bāogānr
	笔杆儿 bǐgǎnr	门槛儿 ménkǎnr

2．

| ang ＞ ar（鼻化） | 药方儿 yàofāngr | 赶趟儿 gǎntàngr |
| | 香肠儿 xiāngchángr | 瓜瓤儿 guāràngr |

3．

ia ＞ iar	掉价儿 diàojiàr	一下儿 yīxiàr
	豆芽儿 dòuyár	
ian ＞ iar	小辫儿 xiǎobiànr	照片儿 zhàopiānr
	扇面儿 shànmiànr	差点儿 chàdiǎnr
	一点儿 yīdiǎnr	雨点儿 yǔdiǎnr
	聊天儿 liáotiānr	拉链儿 lāliànr
	冒尖儿 màojiānr	坎肩儿 kǎnjiānr
	牙签儿 yáqiānr	露馅儿 lòuxiànr
	心眼儿 xīnyǎnr	

4．

| iang ＞ iar（鼻化） | 鼻梁儿 bíliángr | 透亮儿 tòuliàngr |

花样儿 huāyàngr

5.

ua > uar

脑瓜儿 nǎoguār   大褂儿 dàguàr

麻花儿 máhuār   笑话儿 xiàohuar

牙刷儿 yáshuār

uai > uar

一块儿 yīkuàir

uan > uar

茶馆儿 cháguǎnr   饭馆儿 fànguǎnr

火罐儿 huǒguànr   落款儿 luòkuǎnr

打转儿 dǎzhuànr   拐弯儿 guǎiwānr

好玩儿 hǎowánr   大腕儿 dàwànr

6.

uang > uar（鼻化）

蛋黄儿 dànhuángr   打晃儿 dǎhuàngr

天窗儿 tiānchuāngr

7.

üan > üar

烟卷儿 yānjuǎnr   手绢儿 shǒujuànr

出圈儿 chūquānr   包圆儿 bāoyuánr

人缘儿 rényuánr   绕远儿 ràoyuǎnr

杂院儿 záyuànr

8.

ei > er

刀背儿 dāobèir   摸黑儿 mōhēir

en > er

老本儿 lǎoběnr   花盆儿 huāpénr

嗓门儿 sǎngménr   把门儿 bǎménr

哥们儿 gēmenr   纳闷儿 nàmènr

后跟儿 hòugēnr   高跟儿鞋 gāogēnrxié

别针儿 biézhēnr   一阵儿 yīzhènr

走神儿 zǒushénr   大婶儿 dàshěnr

小人儿书 xiǎorénrshū   杏仁儿 xìngrénr

刀刃儿 dāorènr

9.

eng > er（鼻化）

钢镚儿 gāngbèngr   夹缝儿 jiāfèngr

脖颈儿 bógěngr   提成儿 tíchéngr

10.

ie > ier

半截儿 bànjiér   小鞋儿 xiǎoxiér

üe > üer

旦角儿 dànjuér   主角儿 zhǔjuér

11.

uei > uer

跑腿儿 pǎotuǐr   一会儿 yīhuìr

耳垂儿 ěrchuír   墨水儿 mòshuǐr

	围嘴儿 wéizuǐr	走味儿 zǒuwèir
uen ＞ uer	打盹儿 dǎdǔnr	胖墩儿 pàngdūnr
	砂轮儿 shālúnr	冰棍儿 bīnggùnr
	没准儿 méizhǔnr	开春儿 kāichūnr
ueng ＞ uer（鼻化）	*小瓮儿（xiǎowèngr）	

12.

-i（前）＞ er	瓜子儿 guāzǐr	石子儿 shízǐr
	没词儿 méicír	挑刺儿 tiāocìr
-i（后）＞ er	墨汁儿 mòzhīr	锯齿儿 jùchǐr
	记事儿 jìshìr	

13.

i ＞ i：er	针鼻儿 zhēnbír	垫底儿 diàndǐr
	肚脐儿 dùqír	玩意儿 wányìr
in ＞ i：er	有劲儿 yǒujìnr	送信儿 sòngxìnr
	脚印儿 jiǎoyìnr	

14.

ing ＞ i：er（鼻化）	花瓶儿 huāpíngr	打鸣儿 dǎmíngr
	图钉儿 túdīngr	门铃儿 ménlíngr
	眼镜儿 yǎnjìngr	蛋清儿 dànqīngr
	火星儿 huǒxīngr	人影儿 rényǐngr

15.

ü ＞ ü：er	毛驴儿 máolǘr	小曲儿 xiǎoqǔr
	痰盂儿 tányúr	
ün ＞ ü：er	合群儿 héqúnr	

16.

e ＞ er	模特儿 mótèr	逗乐儿 dòulèr
	唱歌儿 chànggēr	挨个儿 āigèr
	打嗝儿 dǎgér	饭盒儿 fànhér
	在这儿 zàizhèr	

17.

u ＞ ur	碎步儿 suìbùr	没谱儿 méipǔr
	儿媳妇儿 érxífur	梨核儿 líhúr
	泪珠儿 lèizhūr	有数儿 yǒushùr

18.

ong ＞ or（鼻化）	果冻儿 guǒdòngr	门洞儿 méndòngr
	胡同儿 hútòngr	抽空儿 chōukòngr

	酒盅儿 jiǔzhōngr	小葱儿 xiǎocōngr
iong ＞ ior（鼻化）	＊小熊儿 xiǎoxióngr	

19.

ao ＞ aor	红包儿 hóngbāor	灯泡儿 dēngpàor
	半道儿 bàndàor	手套儿 shǒutàor
	跳高儿 tiàogāor	叫好儿 jiàohǎor
	口罩儿 kǒuzhàor	绝着儿 juézhāor
	口哨儿 kǒushàor	蜜枣儿 mìzǎor

20.

iao ＞ iaor	鱼漂儿 yúpiāor	火苗儿 huǒmiáor
	跑调儿 pǎodiàor	面条儿 miàntiáor
	豆角儿 dòujiǎor	开窍儿 kāiqiàor

21.

ou ＞ our	衣兜儿 yīdōur	老头儿 lǎotóur
	年头儿 niántóur	小偷儿 xiǎotōur
	门口儿 ménkǒur	纽扣儿 niǔkòur
	线轴儿 xiànzhóur	小丑儿 xiǎochǒur

22.

iou ＞ iour	顶牛儿 dǐngniúr	抓阄儿 zhuājiūr
	棉球儿 miánqiúr	加油儿 jiāyóur

23.

uo（o）＞ uor	火锅儿 huǒguōr	做活儿 zuòhuór
	大伙儿 dàhuǒr	邮戳儿 yóuchuōr
	小说儿 xiǎoshuōr	被窝儿 bèiwōr
	耳膜儿 ěrmór	粉末儿 fěnmòr

学以致用

1. 轻声对比辨音训练（后一个词发轻声）。

饭前—饭钱　酒菜—韭菜　笔画—比画　电子—垫子　蛇头—舌头

笔试—比试　服气—福气

2. 朗读下列绕口令。

（1）一颗星，亮晶晶；两颗星，眨眼睛；许多许多小星星，数呀数不清。

（2）小女孩儿，红脸蛋儿，红头绳儿，扎小辫儿，黑眼珠儿，滴溜溜儿转儿，手儿巧，心眼儿好，会做袜子会做鞋儿，能开地儿，能种菜儿，又会浇花儿又做饭儿。

（3）油一缸，豆一筐。老鼠嗅着油豆香，爬上缸，跳进筐，偷油偷豆两头忙，又高兴，又慌张，脚一滑，身一晃，"扑通"一声跌进缸。

3. 用普通话朗读短文。

春

朱自清

盼望着，盼望着，东风来了，春天的脚步近了。

一切都像刚睡醒的样子，欣欣然张开了眼。山朗润起来了，水涨起来了，太阳的脸红起来了。

小草偷偷地从土里钻出来，嫩嫩的，绿绿的。园子里，田野里，瞧去，一大片一大片满是的。坐着，躺着，打两个滚，踢几脚球，赛几趟跑，捉几回迷藏。风轻悄悄的，草软绵绵的。

桃树、杏树、梨树，你不让我，我不让你，都开满了花赶趟儿。红的像火，粉的像霞，白的像雪。花里带着甜味；闭了眼，树上仿佛已经满是桃儿、杏儿、梨儿。花下成千成百的蜜蜂嗡嗡地闹着，大小的蝴蝶飞来飞去。野花遍地是：杂样儿，有名字的，没名字的，散在草丛里，像眼睛，像星星，还眨呀眨的。

"吹面不寒杨柳风"，不错的，像母亲的手抚摸着你，风里带来些新翻的泥土的气息，混着青草味儿，还有各种花的香，都在微微润湿的空气里酝酿。鸟儿将窠巢安在繁花嫩叶当中，高兴起来了，呼朋引伴地卖弄清脆的喉咙，唱出宛转的曲子，跟轻风流水应和着。牛背上牧童的短笛，这时候也成天嘹亮地响。

雨是最寻常的，一下就是三两天。可别恼。看，像牛毛，像花针，像细丝，密密地斜织着，人家屋顶上全笼着一层薄烟。树叶子却绿得发亮，小草也青得逼你的眼。傍晚时候，上灯了，一点点黄晕的光，烘托出一片安静而和平的夜。乡下去，小路上，石桥边，有撑起伞慢慢走着的人，还有地里工作的农夫，披着蓑，戴着笠的。他们的草屋稀稀疏疏的，在雨里静默着。

天上风筝渐渐多了，地上孩子也多了。城里乡下，家家户户，老老小小，他们也赶趟似的，一个个都出来了。舒活舒活筋骨，抖擞抖擞精神，各做各的一份事儿去。"一年之计在于春"，刚起头儿，有的是工夫，有的是希望。

春天像刚落地的娃娃，从头到脚都是新的，他生长着。

春天像小姑娘，花枝招展的，笑着，走着。

春天像健壮的青年，有铁一般的胳膊和腰脚，他领着我们上前去。

我国人民广播事业的第一位男播音员

　　齐越是我国老一辈播音艺术家，是我国人民广播事业的第一位男播音员，是新中国广播事业奠基人之一，是新中国第一位播音专业教授、播音专业硕士生导师。他一生心系祖国和人民，品德高尚，一身正气，在事业上兢兢业业、勤勤恳恳，为培养新一代播音员付出了辛勤的汗水，为播音主持事业贡献了毕生的精力，同时也留下了大量优秀的播音作品。他在几十年的广播工作中，传达着党和政府的庄严宣告和人民的声音。这声音有着一种特殊的魅力，他用深情吸引听众，打动人心，给人启迪。正如齐越同志所说的："我是中国人民的播音员、中国共产党的播音员。我传达的是中国人民战胜艰难险阻走向胜利的声音，我传达的是中国共产党的堂堂正正的真理之声。我以此引为自豪。"

讨论：

1. 从以上事例中，你学到了什么？
2. 你怎么理解齐越精神？

应用篇

　　优秀的朗读能把丰富复杂的思想情感与各种语音技巧完美地结合起来，使平面的文本变成立体的场景，使干枯的笔画变成丰满的形象，带给听众美的享受。

　　学会朗读，将感人的、智慧的、扣人心弦的优美片段传递给他人。

第一课　朗读概述

应知导航

1. 了解朗读的基本要求。
2. 掌握朗读的几种技巧。

知识探究

　　朗读，通俗地说就是大声读书，严格地说是把文字作品转化为有声语言的创作活动，也就是通过富有感染力的声音，准确、形象地传达文字所表现的内容的活动。朗读是学好普通话、提高普通话水平的重要途径，有助于丰富知识，积累词汇，增强语感，提升语言表达能力。

一、朗读的基本要求

（一）读准语音

　　要朗读好一篇作品，读准语音是最基本的要求。用普通话朗读，不仅要求做到不漏字、不改字、不添字，还要注意变调、儿化、轻声等音变现象，在语音方面要求很高。朗读者在朗读过程中要注意以下问题。

微　课

朗读的基本要求

1. 使用普通话语音

　　注意普通话和自己的方言在语音上的差异，并找出规律，纠正方音；多查字典、词典，熟悉字音、声调，加强记忆，反复练习。

2. 注意音变现象

普通话语音中有很多音节会受相邻音节的影响，其声调、读音会发生变化。熟练掌握这些音变的规律，在朗读过程中才能避免读错。常见的音变现象有变调、轻声、儿化、语气词"啊"的音变等。

3. 读准多音多义字

汉语中有很多多音多义字，在朗读的过程中要注意根据语境来确定其读音。例如，"和"在"和平"中读"hé"，在"唱和"中读"hè"，在"和面"中读"huó"，在"和弄"中读"huò"。

4. 读准形近字

汉语中有很多形近字，但不能读半边。例如，"鞭笞"中的"笞"（chī），不能读作"台"（tái）。

5. 注意异读词的读音

在普通话词汇中，音义相同或相近但习惯上有两种或多种不同读法的词被称为"异读词"。为了使这些词读音规范，国家于 20 世纪 50 年代就组织了普通话审音委员会，对普通话异读词的读音进行了审定。历经几十年，几易其稿。1985 年，国家公布了《普通话异读词审音表》，要求全国文教、出版、广播及其他部门、行业所涉及的普通话异读词的读音、标音，均以这个审音表为准。在确定异读词的读音时，最好对照工具书，如《新华字典》《现代汉语词典》等来看，先看某个字的全部读音、义项和用例，然后看审音表中的读音和用例，比较以后，如发现两者有不合之处，一律以审音表为准。这样就可以达到规范读音的目的。

（二）把握作品的主题

俗话说："不打无准备之仗。"朗读者在朗读之前要认真分析作品，把握其主题，了解其结构，确定作品的情感基调。理解作品是成功朗读作品的关键。这需要朗读者在朗读作品之前反复阅读该作品，了解作品的写作背景、作者的思想感情，把握作品的主要内容、中心思想；然后仔细揣摩每一节、每一段，甚至每一句，把握好作品的感情，再运用一定的朗读技巧对作品进行朗读再创作，用自己的声音传达这种感情，这样才能引起听众的共鸣。

理解作品还需要针对不同的体裁关注不同的侧重点。如果是散文，就要重点了解作者通过什么抒发了怎样的情感；如果是议论文，就要重点掌握议论文的主要观点、重要论据；如果是小说，就要了解人物在怎样的环境中通过什么事件表现了什么性格；……

（三）具体感受作品

深入理解作品，还需要具体地感受作品，也就是通过想象和联想，把理解的作品内容形象化和具体化。这需要朗读者完全置身于作品中，把在作品中看到的情境转化为自己表达的东西，这样才能更好地把握作品。通过朗读者的朗读，作品的内容能更准确地传达给听众。

好的朗读者可以通过作品所描写的情景、人物，在自己的大脑中形成一幅画。例如，读峻青的《第一场雪》，"……山川、树木、房屋，全都罩上了一层厚厚的雪，万里江山，变成了粉妆玉砌的世界。落光了叶子的柳树上挂满了毛茸茸、亮晶晶的银条儿；而那些冬夏常青的松树和柏树上，则挂满了蓬松松、沉甸甸的雪球儿。……"朗读者在脑海中形成一幅北国的雪景图，朗读起文章来，就像看着脑中的图画向听众娓娓道来，从而引起听众的联想与想象，把听众带到作品的意境中来，使听众脑中也形成图像。可见，朗读者只有理解并具体感受作品，才可以传达出作品的精髓。因此，具体感受作品对于朗读来说是非常重要的。

（四）把握作品的基调

朗读者在把握作品的主题、具体感受作品的基础上，可以确定作品的基调。作品的基调是指作品总的感情、色彩和分量。每一篇作品都有一个完整统一的基调，它是一种整体感，是层次、段落、语句中具体思想感情的综合表露，是各部分具体情感的总和。朗读的基调来自作品的基调，把握作品的基调就是要把握好作品的这种整体感。古今中外优秀的文学作品，字里行间均显露着作者的情感。朗读，就是要让这些情感通过声音流露出来，激发听众的情感，拨动他们的心弦。那么，如何把握作品的基调呢？朗读者可以从作品的内容和中心思想入手，抓住作者所要表达的情感来概括提炼，这样就很容易确定作品的基调。作品的基调确定了，朗读的基调也就可以把握了。例如，《荔枝蜜》的作者借赞美勤劳的蜜蜂来歌颂为建设美好生活而无私奉献的劳动人民，这是文章的主要内容和中心思想，由此可以确定朗读的基调是热情歌颂。朗读者只有找准作品的基调，有了爱憎分明的感情，才能做到以情带声，声情并茂。如果朗读者把握不准作品的基调，单纯从技巧出发，脱离作品的思想内容，是达不到应有的朗读效果的。

二、朗读的基本技巧

理解作品、把握作品的基调是朗读的基础，但仅有这些还不够。朗读是一种创造性的活动，它的创造性就表现在把理解到的作品思想借助声音传达出来。要想通过声音传达思想，就需要掌握朗读的技巧了。

微课

朗读的基本技巧

（一）呼吸

朗读者学会自如地控制自己的呼吸非常重要，因为这样发出来的声音坚实有力，音质优美，而且传送得较远。有的人在朗读时呼吸急促，甚至上气不接下气，这是因为其使用的是胸式呼吸，不能自如地控制自己的呼吸。朗读需要有较充足的气流，一般采用的是胸腹式呼吸法。它的特点是胸腔、腹腔都配合着呼吸进行收缩或扩张，尤其注意横膈膜的运动。朗读者可以进行缓慢而均匀的呼吸训练，体会用腹肌控制呼吸。

（二）吐字

吐字的技巧不仅关系到音节的清晰度，而且关系到声音是否圆润、饱满。朗读者要想吐字清楚，一要熟练地掌握常用词语的标准音，熟悉每个音节的声母、韵母、声调，按照它们的标准音来发音；二要力求克服发音含糊、吐字不清的毛病。这个毛病的形成原因主要有 3 个：①在声母的成阻阶段比较马虎，不大注意发音的准确部位；②在韵母发音阶段不大注意口形和舌位；③发音吐字速度太快。平时多练习绕口令就是练习吐字基本功的一种方法。

（三）停顿

停顿是指在说话或朗读时，由于生理的需求或句子结构的需要，在语句、段落之间出现的间歇。根据不同的需要划分，停顿主要包括生理停顿、语法停顿、逻辑停顿和感情停顿。

1. 生理停顿

朗读者不可能一口气把一篇文章读完，中间需要停下来换气，这种停顿是出于生理的需要，所以被称为"生理停顿"。朗读者朗读时如果忽视生理停顿，就会缺乏最基本的自然美感。特别是很长的句子，中间如果没有较多的标点符号，要想读好，就必须加入适当的停顿以调节气息。只有这样，才能表现语言的节奏，清晰地揭示句子的内在联系。

2. 语法停顿

语法停顿是根据语法结构所做的停顿。这种停顿主要显示词组和词组、句子和句子、段落和段落之间的语法关系。词组与词组之间、句子与句子之间、段落与段落之间意义上的关联表现在书面上就是一些标点符号。因此，标点符号是语法停顿的书面标志。标点符号不同，停顿的时间也不同。在句中的标点符号中，顿号的停顿时间最短，逗号次之，分号再次之。句末标点符号的停顿时间要比分号长，章节段落之间的停顿还要更长一些。朗读者根据标点符号选择不同的停顿时长，可以使朗读顿挫有度，语意层次分明。

在没有标点符号的地方，有时也需要适当的语法停顿。例如，在较长的句子中，可以根据句子成分的不同适当停顿。例如，"控制紧张情绪的 / 最佳做法 // 是选择你有所了解并感兴趣的 / 话题"（双斜线表示停顿时间较长，单斜线表示停顿时间较短），这是根据主谓和定中关系来划分的。

3. 逻辑停顿

为了突出或强调某一事物或观点而在句中没有标点符号的地方所做的停顿，叫作"逻辑停顿"。例如，"这个会议 // 和今后的工作的开展 // 有 // 很大关系"。逻辑停顿的多少与语速快慢及句子的长短有关。一般而言，句子短小且语速较快时，逻辑停顿少；句子较长且语速较慢时，逻辑停顿则适当增加。要想正确设置逻辑停顿的位置，需要准确理解语句的意思。

4. 感情停顿

为了突出某种强烈的感情而做的停顿，叫作"感情停顿"。例如，"我 / 不 / 知 / 道"，表现人物决绝的态度。

（四）重音

朗读中会着重强调某些词语或句子，这种着意加重词语或句子读音的读法叫"重音"。根据产生原因的不同，重音可以分成以下两种。

1. 语法重音

语法重音是根据句子语法结构的特点而着重读的音。它强调读出某些关键性词语，如谓语动词、名词前面的某些重要词语等。

（1）谓语动词

例如：① 中国人民从此站起来了！

　　　② 她已经走了。

（2）名词前面的定语

例如：① 我们的人民最勇敢，最勤劳。

　　　② 花园的花开得越来越繁盛了。

（3）表示结果或程度的补语

例如：① 这篇文章分析得十分到位。

　　　② 今晚的演出精彩极了。

（4）表示性状和程度的状语

例如：① 我们要努力工作。

　　　② 我们一定会成功的！

（5）表示疑问和指示的代词

例如：① 谁是最可爱的人呢？

　　　② 这样的活动应该多举办。

2. 逻辑重音

逻辑重音是为了突出、强调句子中的某些词语而着重读的音。逻辑重音的位置不固定，朗读者要根据文章或说话人的要求和感情需要来确定哪些词语需要重读。同一句话由于重音位置的不同，可以表达出不同的意思。例如：

我知道你的名字。（别人不知道）

我知道你的名字。（不要瞒我了）

我知道你的名字。（别人的名字我不知道）

我知道你的名字。（你的其他方面我不了解）

（五）语调

语调是指语句的升降变化，又称"句调"。常见的语调有升调、降调、平调和曲调4类。

1. 升调

调子由平升高，常用来表示反问、疑问、惊异、呼唤等语气，朗读时句末音节需上扬，如在以下几种情况中。

（1）反问

例如：① 难道妈妈没来吗？

　　　　② 我就不可以吗？

（2）疑问

例如：① 今天你回家吗？

　　　　② 你去哪了？

（3）惊异

例如：① 原来是你！

　　　　② 发生什么事啦？

（4）呼唤

例如：① 妈！我回来了！

　　　　② 妈妈！你别走！

2. 降调

调子先平后降，常用来表示陈述、肯定、感叹、请求等语气，朗读时句末音节短而低，如在以下几种情况中。

（1）陈述

例如：① 今天的天气很冷。

　　　　② 他是本校的学生。

（2）肯定

例如：① 应该向他学习。

　　　　② 他的水平很高。

（3）感叹

例如：① 阳光很好啊！

　　　　② 长城多雄伟啊！

（4）请求

例如：① 爷爷，再给我讲个故事吧。

　　　　② 答应我，和我一起走吧。

3. 平调

调子平而直，始终保持同样的状态，常用来表示叙述、冷淡、严肃等语气，如在以下几种情况中。

（1）叙述

例如：我们大家都觉得他是个好人。

（2）冷淡

例如：这事你自己看着办吧。

（3）严肃

例如：我们不会忘记中国近百年的屈辱史。

4. 曲调

调子先升后降，或先降后升，常用来表示复杂的感情（如意外、夸张、讽刺等），如在以下几种情况中。

（1）意外

例如：啊？不会吧？这次考试又考砸了？

（2）夸张

例如：他吃得可多了，三大碗饭都不够！

（3）讽刺

例如：① 你不是精英吗？又聪明，又能干，又有文化！

　　　② 都是我的错——你哪有错呀！

（六）语速

语速是指在朗读时对每个音节的长短及音节之间连接松紧的处理。朗读者在朗读时，适当地控制速度的快慢，可以增强语言的表达效果。作品的内容和体裁决定朗读的速度。首先，朗读时的语速需与作品的情境相适应，朗读者要根据作品的思想内容、故事情节、人物个性、环境背景、感情、语言特色来处理。当然，朗读一篇作品的语速并不是一成不变的，要根据具体的内容有所变化。其次，不同的体裁对朗读的语速有不同的要求，朗读者要具体情况具体分析。一般来说，语速的快慢主要有以下几种情况。

（1）表现急剧变化发展的场面宜快读，表现平静、严肃的场面宜慢读。

（2）表现紧张、焦急、慌乱、热烈、欢畅的心情宜快读，表现沉重、悲痛、缅怀、悼念、失望的心情宜慢读。

（3）表现不同的谈话方式语速不同，如辩论、争吵、急呼宜快读，闲谈、絮语宜慢读。

（4）表现不同的叙述方式语速不同，如抨击、斥责、控诉、雄辩宜快读，一般的记叙、说明、追忆宜慢读。

文化贴士

《朗读者》是由中央广播电视总台央视综合频道推出的文化情感类节目，它从文字出发却不止于传递文字之美，每一期由朗读嘉宾分享自己的人生体验，带给观众文字以外的享受及思考，让这股"文化清流"充满了生命的通透与情感的明亮。鲁迅先生说过，"文艺是国民精神所发的火光，同时也是引导国民精神的前途的灯火"。《朗读者》发挥以文化人、以情动人、以美育人的内容优势，发挥总台现象级节目的传播优势，引领广大观众从人性的光辉中感受精神的脉动。而这条鲜明的主题主线也建构起了节目的坚实内核，使其有力地显露出培根铸魂的担当、继往开来的格局、凝心聚力的能量。在我们迫切呼唤"文学的力量"回归之时，《朗读者》让文字变得更丰富，不仅使文学在电视领域开辟出一方新的天地，还为大众的精神世界找到了一个绝佳的影像入口。

知识拓展

朗读和朗诵的异同

一、朗读和朗诵的共同点

1. 二者都以书面语言为依据，以书面语言为表达内容

朗读和朗诵往往都是以已经写成的文本为基础。文本是朗读者与朗诵者的凭借点和出发点，没有文字语言为依托，朗读或朗诵也就失去了意义。

2. 二者都具有一定的欣赏性

朗读和朗诵都是在审美层次上的交流，它们和日常的讲话不同。日常讲话是为了传递信息和交流，朗读和朗诵则具有表情达意的目的。

3. 二者都要求字音准确

不管是朗读还是朗诵，都要求语句连贯流畅，语调语气和谐，做到表情达意。

二、朗读和朗诵的不同点

1. 二者具有本质区别

与朗诵相比，朗读本质上还是一种念读，是一种应用型的朗声阅读。它更注重讲解功能，换句话说，它是附属于讲解的一种口语形式。因此，朗读更注重语言的规范、语句的完整和语意的精确。朗读的目的就是引发听众理智的思考，使听众能准确理解朗读者所表达的意思。

朗诵是一种语言表达的表演形式。朗诵要求朗诵者更加注重对文本的艺术加工和处理。朗诵者应借助语速、停顿、轻重音等富于变化的语言表达技巧，将朗诵材料转化为一种艺术表演的基础。朗诵应该令听众产生情感共鸣，达到使听众听之入耳、听之入心、听之动情的目的。

2. 二者的选材文本不同

朗读的选材十分广泛，诗歌、散文、议论文、说明文及各种新闻、书信等都可以作为朗读的文本，并且这些文本对朗读者也没有过多的条件约束，只要发音正确即可。

朗诵在选材上往往只限于文学作品，而且只有辞美、意美、脍炙人口的文学精品才更适合朗诵。因为这样的文学作品能更好地抒发朗诵者的情感，同样也能更好地引起听众的共鸣和感悟。也可以说，适合朗诵的文体，基本上都可以进行朗读；但适合朗读的文体，却不一定都适合朗诵。另外，朗诵文本对朗诵者有性别、年龄、个性特征及音色等条件的约束。例如，一个文弱且音域狭窄的女孩不宜朗诵粗犷的文章；一个豪情万丈、声如洪钟的铁血男儿朗诵李清照的早期词作也是不相宜的。

3. 二者的语言表现形式不同

朗读对声音的表现要求更接近自然化、本色化、生活化和口语化，形

式平实、自然。朗读时的语言表达，注重音量的均匀，吐字节奏的平稳，停顿的长短相差不多，声音的高低起伏不大。通常来讲，朗读时的语言表达不宜有太多、太大的变化。

朗诵的口语表达是生动、优美、富于变化的，对声音再现的要求则是风格化、个性化，甚至可以是戏剧化的。它要求朗诵者通过音量的大小、节奏的快慢、语调的变化等技巧，凝结成独特的表现形式，展示出作品的感染力，深入并撼动听众的心灵，引发听众思考，使听众产生回味。

4．二者的应用范围不同

朗读和朗诵在文本的选材上是不尽相同的，这也就决定了二者的应用范围会有所不同。

朗读的应用范围是相当广泛的，朗读常应用于课堂学习、幼儿启蒙、语文教学、念信读报、宣读文稿、念剧本等。

朗诵通常以一种艺术表演的形式出现，多应用在舞台艺术、文娱表演活动中。

学以致用

根据提示，朗读下列例句。

（1）有的槐花//一条一条地//挂满枝头，近看//如维吾尔族姑娘//披散在肩头上的//小辫儿。

提示：标有"//"的地方也就是需要换气停顿的地方。这里的停顿不仅是为了换气，也是为了提升朗读时的清晰度和表现力。如果将上面的长句没有停顿地一口气念完，就很难朗读得清晰，也会缺乏表现力。

（2）我//很少做这种事情。

提示：主谓之间有"//"表示停顿，突出"我"。

（3）周//总理，我们的//好//总理，你在哪里啊，你在哪//里？

提示：这种朗读方式几乎是一字一顿，能够很好地传达出人民对周总理的深切缅怀之情和痛失周总理的深切悲哀。

（4）① 她激动地说："弹得多纯熟啊！感情多深啊！"

② 我去过北京。

我去过北京。

我去过北京。

③ 日照香炉生紫烟，遥看瀑布挂前川。飞流直下三千尺，疑是银河落九天。

提示：例句中加点的字词就是需重读的部分。第一组例句中，重读"多"字突出表现了"纯熟"和"深"的程度。第二组例句中，同一句话重读不同的字，就会表达出不同的意义。第三组例句突出瀑布的宏伟，所以重读"三千尺"。

第二课　各种文体的朗读

应知导航

1. 熟悉几种文体的朗读要求。
2. 掌握各种文体的朗读方法和技巧。

知识探究

一、诗歌、诗词的朗读

诗歌、诗词是指高度集中地概括、反映社会生活，饱含着作者丰富的感情和想象，语言精练且形象性极强，具有一定节奏和韵律的文学体裁。朗读诗歌、诗词时要注意把握诗歌、诗词的特点。

1. 准确再现诗歌、诗词的意境

诗歌、诗词语言的形象性极强，几个简单的字词组合，如"小桥流水人家"，就能生动地勾勒出一幅绝美的画面。诗歌、诗词通常讲究情与景的结合及虚境与实境的结合，以表现诗歌、诗词的意境。意境是诗歌、诗词的精髓。朗读时，要透过语言把握好诗歌、诗词的意境，把自己置于诗歌、诗词所描绘的情境中，这样才能准确地再现诗歌、诗词的意境。

2. 体会作者真挚的情感

诗歌、诗词是饱含着作者真挚情感的文学体裁。朗读时，要注意体会作者的情感。例如，朗读初唐诗人陈子昂《登幽州台歌》"前不见古人，后不见来者。念天地之悠悠，独怆然而涕下！"时，要体会作者面对辽阔悠远、空旷苍茫的幽州所抒发的那种孤独与悲愤的情感。

3. 把握好诗歌、诗词的节奏与韵律

诗歌、诗词是节奏感和韵律感都很强的文体，在朗读时，要注意分好音步，读好韵脚。音步又称"节拍"，是诗歌、诗词中有规律的停顿。每个音步包含几个音节，是根据诗歌、诗词的内容和语法结构来划分的。一个音步里包含音节多的，读得紧凑些，形成轻快的节奏感；包含音节少的，读得舒缓些，形成舒缓的节奏感。韵脚指有规律地在一定间隔的诗行末尾重复出现的韵腹和韵尾相同

的音节，如《沁园春·雪》中"万里雪飘""顿失滔滔""欲与天公试比高"等句的韵脚分别是"飘""滔""高"等，本词每句最后一个字的韵腹和韵尾相同，全诗押韵。

二、散文的朗读

散文是指篇幅短小、题材多样、形式自由、情文并茂且富有意境的文学体裁。其特点是通过叙述、描写、抒情、议论等各种表现手法，创造出一种自由灵活、形散神凝、生动感人的艺术境界。

散文是作者从主观视角来观察世界万物，有所感悟，于是有感而发，从而创作出的。散文的朗读基调应该是平缓的，没有太大起伏的，即使是在作品的高潮部分，也不会像演讲那样慷慨激昂。朗读时，朗读者要用中等的速度、柔和的音色，一般用拉长而不用加重的方法来处理、强调重音。

散文虽然不像诗歌那样有规整的节奏和严格的韵律，但是也讲究节奏美和韵律美。散文的局部和某些句子也有对称结构，例如"风轻悄悄的，草软绵绵的"，在朗读时，朗读者可以用相同的语调来读这样的句子，使散文的韵律美表现出来。

散文也有不同的类型。有的散文以抒情为主，不写人和事，如朱自清的散文《荷塘月色》《匆匆》，都是在抒发作者的感受。有的散文虽然也会出现一些事物，但是这些事物都是虚写的而不是实写的，是概括的而不是具体的。另外一种类型的散文稍有不同，这种散文中穿插着一些人和事。有时，正是这些人和事给了作者启示，作者由此而产生了感慨。在朗读时，朗读者应该把其人其事作为散文的一个组成部分，而不是把它们作为一个故事来读。

朗读散文时要注意以下几点。

1. 感情要真实

朗读散文应力求展示作者倾注在作品中的情感，充分表现作品中的人格意象。散文是作者心灵的体现，是真情的流露。朗读时，朗读者要充分把握不同的主题、结构和风格。例如，茅盾的散文《白杨礼赞》热情地赞美了白杨树，进而赞美了北方的农民，赞美了中国人民在解放斗争中不可或缺的质朴、坚强及力求上进的精神。朗读者在朗读时要充分把握这种感情基调。

2. 表达要有变化

朗读叙述性语言要语气舒展，声音明朗轻柔，娓娓动听；朗读描写性语言要生动、形象、自然、贴切；朗读抒情性语言要自然亲切、由衷而发；朗读议论性语言要深沉含蓄、稳中有力。

散文的结构布局多种多样，有纵式的，有横式的；有逐层深入的，有曲折迂回的。例如，袁鹰的散文《井冈翠竹》以毛竹的功绩为线索，回忆过去，展望未来，热情歌颂了中国人民的革命气节和革命精神，是一篇纵式散文；鲁迅的散文《从百草园到三味书屋》则分别描述了百草园和三味书屋，是一篇对比结构的横式散文。

散文的结构式样很多，写法多样，但无论什么散文都是形散神聚，总是有一条清晰的线索贯串全文，统领全篇。要么是自始至终有一种充沛的激情来描写感人肺腑的人和事，使全文浑然一体，如魏巍的《谁是最可爱的人》一文，作者向读者展现的是一种激昂的爱国主义、国际主义之情；要么是以一些寓意深邃的话语统领全文。朗读者在朗读时应根据文章的主题和发展线索，用停顿的长短来显示文章的结构变化及语脉发展，用重音和语调来突出主题，使语脉清晰，聚而不散。

三、小说的朗读

小说是通过塑造人物形象来表现和反映社会生活的一种文学体裁。人物、情节和环境是小说的三要素。朗读小说时要注意把握小说的特点。

1. 抓住人物的性格特征，鲜明地再现人物形象

小说是通过人物形象来反映社会生活的，塑造人物是小说的中心任务。朗读时，朗读者要抓住小说中的人物形象。小说可以从很多方面来塑造人物，如人物的语言、动作、心理、面部表情等，通过这些方面的刻画，一个人物才能鲜活起来。朗读时，朗读者要运用各种朗读技巧，鲜明地再现人物的语言、动作、心理、面部表情等，从而使人物形象在听众的脑海中鲜活起来。朗读者还要注意不同人物有不同的性格特征，对于不同人物的区别在朗读时也要有所体现。

2. 理清文章的脉络，完整地再现故事情节

故事情节也是小说描写的重点，小说通过对故事的开端、发展、高潮、结局的描述，来完成对人物的塑造。故事有清晰的发展脉络，有时间、地点、人物、事件，有开端、发展、高潮、结局，朗读者在朗读时可以用不同的语调来展现。针对不同部分，朗读者要灵活变换语调、语气，如对于开端部分的舒缓和高潮部分的紧张，都要有所展现。

3. 借助联想和想象，准确展现环境

小说的环境包括自然环境和社会环境，它们对于人物的塑造和情节的发展都是非常重要的。在某种程度上，环境奠定了小说的整体氛围，它与小说的整体基调也是密切相关的。例如战乱时期，山河破败，民生凋敝，整部作品会充满一种凄凉感。朗读时，朗读者要抓住环境的这种特征，把握好朗读的基调。朗读者还应注意对语速和语调的把握，在表现明丽、阳光、热闹的场景时，语速要快，语调要欢快；在表现黑暗、破败、冷清的场景时，语速要缓，语调要低沉。

四、议论文的朗读

议论文是一种用逻辑推理的方式明辨是非、论说道理的文体，它具有鲜明的态度、严密的推理和强有力的论据。对于这类文体，朗读者也要按照文体自身的特点进行朗读。

1．准确无误地展现论点

论点是作者对所论问题的主张、看法和态度，是议论文的核心所在。朗读时，朗读者要找准论点，运用重音等技巧，把论点准确无误、明白清楚地表现出来。

2．有条不紊地展现论据

论据是用来论证论点的正确性的事实和道理，它是论证的依据，在议论文中同样占有很重要的位置。朗读时，朗读者要读准、读好重音，清晰有力地摆事实、讲道理，有条不紊地展现论据。

3．准确表达作者的情感

议论文的情感倾向性是非常明确的，是肯定、赞扬、歌颂，还是反对、否定、贬斥，在文中都有明确的展现。朗读者要注意作者的情感立场，并通过朗读准确地表达出来。

五、说明文的朗读

说明文具有条理清楚、结构严谨的特点，朗读者朗读时不需要像朗读其他类型的文体那样投入一定的情感。说明文的朗读基调应较平实，在语速、停顿等方面可以用叙述的语气把文章读正确，强调文章所介绍事物的特点，使听众理解文章内容。说明文对科学知识的说明是层层展开的，为了让听众把握好说明文内在的层次结构，朗读者在朗读时主要靠正确的停顿、节奏的变化来展现文章的内在逻辑结构。

六、新闻消息的朗读

（一）新闻消息的语言特点

1．准确无误

新闻消息要准确无误。应坚持新闻完全真实的原则，除了新闻事实真实，语言也必须准确，包括语音、语法的准确。准确，就是反映事物最本质、最切实的状况，不含糊，不笼统，不模棱两可。

2．简洁明快

新闻消息要求快，要求短，这就决定了新闻消息的语言要简明扼要、直截了当，不能拖泥带水、拖沓冗长，要尽量用最少的文字及时准确地报道事实真相。

3．朴素实在

新闻消息用朴素实在的语言报道新闻事实，这也是新闻消息区别于其他文体语言的主要特点之一。朴素即自然，自然本身就有一种独具个性的内在美。实在，就是表述时忌矫揉造作、渲染夸张。

4．鲜活生动

新闻消息要及时、准确地反映丰富多彩、发展变化的客观事物，因此新闻消息的语言必须清新优美、富有动感，并且能够引人注目、耐人寻味。新闻的新鲜感决定了新闻消息语言的鲜活生动程度。

（二）新闻消息的朗读技巧

新闻消息的朗读一般称为"播报"，要求语言标准、表达规范、舒展明快、朴实大方。

1. 语言标准

语言标准体现在两个方面：一是语音标准；二是语法正确。播报有特定的语言环境，要求语音必须准确清晰。只有准确清晰的语音，才能保证消息内容的传播准确无误。对播报语言的高标准严要求还体现在所使用语言的语法上，因为只有语音标准、语法正确，才能够确保新闻消息内容的准确传播。

2. 表达规范

有声语言的表达有很多技巧，但是播报的表达要求相对规范。不像朗读文学艺术作品那样可以有更多的个性化理解和表达，播报讲求客观真实，不能有太多主观色彩和太过夸张的处理。新闻消息简洁明快的特点使播报的语言表达更注重对新闻事实的客观报道，因此要多连而少停、重音少且精，语势常扬、语尾不坠，不悠荡，不拖腔拉调。

3. 舒展明快

播报的用声和表达要尽量做到舒展明快。播报者多使用实声。新闻消息的客观性要求播报者用实声加强新闻的可信性，声音不能挤捏，要松弛、自然，吐字要饱满。在表达上，由于新闻消息具有时效性及新鲜性，播报的节奏要明快一些，要快而不乱。

4. 朴实大方

朴实大方是对播报者总体状态的概括。播报者应在吐字发声、表达技巧中表现得朴实大方，在对语言面貌的整体表达中体现客观真实。

知识拓展

朗读的备稿

朗读是一种口头语言的艺术，需要创造性地还原语气，使无声的书面语言变成活生生的有声的口头语言。如果说写文章是一种创造，朗读就是一种再创造。如何朗读好一篇文章呢？这就要求备稿。下面就介绍一下如何备稿。

一、概括主题

主题是指一篇文章所表达的思想意义，也叫"中心思想"。概括主题有利于提炼出深刻的思想含义，调动朗读者的思想情感。如何概括文章的中心思想呢？

1．看文章的题目

有些文章的题目本身就揭示了中心思想或是对中心思想的高度概括，朗读者从题目可以看出文章主要写了什么，反映了什么问题。朗读者通过对这些问题的回答，并把这些回答连接起来，就能概括出中心思想。

2．看文章的开头和结尾

为了便于读者把握文章的主旨，一篇好文章通常在开头或结尾处有点明中心思想的句子或段落。一般来说，开头的句子或段落有总领文章的作用，结尾的句子或段落有总结全文、点明中心思想的作用。朗读者分析好这些开头和结尾，就能准确地概括文章的中心思想。

3．看文章的中心句

文章的中心句是对文章思想感情的集中反映，体现了作者的写作目的，往往直接点明中心思想。朗读者找准了中心句，就可以归纳出文章的中心思想。文章的中心句通常出现在文章的开头和结尾。

4．看重点段落

一般来说，文章的重点段落会突出文章的中心思想，朗读者抓住重点段落进行分析，就能准确地概括文章的中心思想。

5．看重要人物

写人的记叙文往往会在重要人物身上体现中心思想，朗读者抓住重要人物的所做、所为、所想、所感，就可以把握文章的中心思想。

6．看主要事件

记事的记叙文中的事件常有主要事件和次要事件之分。朗读者抓住主要事件去分析，想想写了什么事，歌颂了什么，反映了什么，说明了什么，就可以捕捉到文章的中心思想。

7．看文章的议论抒情

在文章中，记叙和描写部分好比画龙，议论和抒情部分就是点睛，点睛部分往往揭示了文章的中心思想。

8．看文章的细节描写

文章的细节描写是为表现中心思想服务的，因此，认真阅读文章的细节描写，了解这些细节描写对突出文章的中心思想起了什么作用，将对理解文章的中心思想大有帮助。

9．看文章的体裁

如果文章是说明文，文章的主要内容就是中心思想，不必穿靴戴帽。

文章主题一般用"通过……表扬（或批评）……揭示了……"的句型来概括。

二、把握基调

朗读者要把握好基调，必须深入分析、理解作品的思想内容，力求从作品的体裁、主题、结构、语言，以及综合各种要素形成的风格等方面入手，进行认真、充分和有效的解析。只有如此，朗读者才能产生真实的感情和鲜明的态度，产生内在的、急于表达的律动。只有经历这样一个复杂的过程，作品的思想才能成为朗读者的思想，作品的感情才能成为朗读者的感情，作品的语言表达才能成为朗读者要说的话。也只有经历这样一个复杂的过程，朗读者才能从作品的思想内容出发，把握其基调，读出作者的喜怒哀乐或悲欢离合。

文章的基调主要有明朗、低沉、平淡、高亢、哀婉、悲愤等。每篇文章表达的情感不同使其具有自己独特的基调，甚至有的文章不同部分的基调也不一样，如下面这些例子。

（1）毛泽东的《沁园春·雪》具有典型的激越昂扬、乐观向上的基调。

（2）马致远的《天净沙·秋思》具有典型的凄凉萧条、低沉委婉的基调。

（3）郭沫若的《天上的街灯》的基调是美好、恬静而略带一丝忧郁的。

（4）朱自清的《荷塘月色》的基调一般解读为既有淡淡的忧愁，又有淡淡的喜悦。

（5）老舍的《林海》的基调应该是高昂热情的，表达出热爱大自然的情感。

（6）柳宗元的《小石潭记》的基调是哀伤凄凉的。

（7）毛泽东的《忆秦娥·娄山关》，上阕的基调是阴沉抑郁的，下阕的基调则是高亢激昂的，强烈的感情对比反映了作者的乐观主义精神和指挥若定的气魄。

（8）苏轼的《水调歌头·明月几时有》的基调是乐观的。

（9）曹操的《观沧海》的基调是苍凉慷慨、悲壮激昂的。

三、划分层次

划分层次是指明确文章的结构，常用的方法有如下几种。

1．按时序划分

例如，写英雄好汉鲁达不畏强暴、疾恶如仇、见义勇为的《鲁提辖拳打镇关西》，按时序可划分为"打之前"（探明情况）、"打之时"（击中要害，痛快淋漓）、"打之后"（机智逃脱）3个部分。

2．按题目的语法结构划分

例如，用"从……到……"这一介宾短语做标题的《从百草园到三味书屋》，按地点转移，文章可分为"百草园"和"三味书屋"2个部分。

3．按逻辑思维顺序划分

例如，《向沙漠进军》按逻辑思维顺序可分为"为什么要向沙漠进军"（沙漠的危害性）、"怎样向沙漠进军"（防治办法）、"向沙漠进军后怎么样"（已有成就和光辉前景）3个部分。

4．按文章的结构特点划分

文章是"总—分"结构的，可分为 2 个部分；是"总—分—总"结构的，可分为 3 个部分。例如，《苏州园林》是"总—分"结构，"总"——苏州园林是我国各地园林的标本，"分"——亭台轩榭、假山池沼、花草树木等的布局特点。

5．按中心句划分

中心句若在段首，起提纲挈领的作用；若在段中，起承上启下的作用；若在段尾，起总结概括的作用。凡是有中心句的地方，表明这是文章的一个段或一个层次。中心句与其他语句的关系：其他语句有的是用来阐述、展开中心句的意思的，属解说关系；有的是用来说明、支撑中心句的，属支撑关系；有的是用来解释中心句的意思的形成原因的，属因果关系。

6．按感情线索划分

例如《荔枝蜜》全文按其感情线索可分为 4 个部分：不大喜欢蜜蜂—想去看看蜜蜂—赞赏蜜蜂—想变成蜜蜂。

7．按不同文体的特点划分

议论文通常分为 3 个部分：提出问题—分析问题—解决问题。一些故事、小说，通常按情节划分为开端、发展、高潮、结局 4 个部分。

四、设计技巧

设计技巧就是在深刻理解作品内容的基础上，设计如何通过语音的具体形象把作品的思想感情表达出来。朗读者对整篇作品的朗读方案应有总体考虑。例如，作品中写景的地方怎么读？作品的高潮在什么地方？怎么安排快慢、高低、重音和停连，等等。除运用声音外，朗读者还要借助眼神、手势等体态语来表达作品的感情，引起听众的共鸣。朗读常常伴随手势、姿势等体态语，但朗读时的姿势或手势不能过多、过火，毕竟朗读不同于演戏。演戏时，演员不直接与观众交流，而是扮演剧中人物，模仿剧中人物的语言、动作，只和同台的演员进行交流；而朗读者直接交流的对象是听众，朗读者主要是通过声音把感情传达给听众，引起听众共鸣的，手势、姿势等只不过是帮助表达感情的辅助性工具，因此不宜过多、过火。

五、调动情感

朗读者朗读一篇文章，如果缺乏内在的情感，即使技巧运用得再多，声音也会显得干巴巴的，无法打动人。朗读者在朗读时，要通过情境再现、内在语、对象感等方法充分酝酿自己的感情，使自己的感情随文字内容而变化，把握好态度和感情的分寸，形成感情丰富、变化自如、生动恰当的声音。

阅读下列文章，分析文章的文体、基调、脉络、重点、节律，再进行朗读训练。

（一）

故都的秋

郁达夫

秋天，无论在什么地方的秋天，总是好的；可是啊，北国的秋，却特别地来得清，来得静，来得悲凉。我的不远千里，要从杭州赶上青岛，更要从青岛赶上北平来的理由，也不过想饱尝一尝这"秋"，这故都的秋味。

江南，秋当然也是有的；但草木凋得慢，空气来得润，天的颜色显得淡，并且又时常多雨而少风；一个人夹在苏州上海杭州，或厦门香港广州的市民中间，混混沌沌地过去，只能感到一点点清凉，秋的味，秋的色，秋的意境与姿态，总看不饱，尝不透，赏玩不到十足。秋并不是名花，也并不是美酒，那一种半开、半醉的状态，在领略秋的过程上，是不合适的。

不逢北国之秋，已将近十余年了。在南方每年到了秋天，总要想起陶然亭的芦花，钓鱼台的柳影，西山的虫唱，玉泉的夜月，潭柘寺的钟声。在北平即使不出门去吧，就是在皇城人海之中，租人家一橡破屋来住着，早晨起来，泡一碗浓茶，向院子一坐，你也能看得到很高很高的碧绿的天色，听得到青天下驯鸽的飞声。从槐树叶底，朝东细数着一丝一丝漏下来的日光，或在破壁腰中，静对着像喇叭似的牵牛花（朝荣）的蓝朵，自然而然地也能感觉到十分的秋意。说到了牵牛花，我以为以蓝色或白色者为佳，紫黑色次之，淡红色最下。最好，还要在牵牛花底，教长着几根疏疏落落的尖细且长的秋草，使作陪衬。

北国的槐树，也是一种能使人联想起秋来的点缀。象花而又不是花的那一种落蕊，早晨起来，会铺得满地。脚踏上去，声音也没有，气味也没有，只能感出一点点极微细极柔软的触觉。扫街的在树影下一阵扫后，灰土上留下来的一条条扫帚的丝纹，看起来既觉得细腻，又觉得清闲，潜意识下并且还觉得有点儿落寞，古人所说的梧桐一叶而天下知秋的遥想，大约也就在这些深沉的地方。

秋蝉的衰弱的残声，更是北国的特产；因为北平处处全长着树，屋子又低，所以无论在什么地方，都听得见它们的啼唱。在南方是非要上郊外或山上去才听得到的。这秋蝉的嘶叫，在北平可和蟋蟀耗子一样，简直象是家家户户都养在家里的家虫。

还有秋雨哩，北方的秋雨，也似乎比南方下得奇，下得有味，下得更象样。

在灰沉沉的天底下，忽而来一阵凉风，便息列索落地下起雨来了。一层雨过，云渐渐地卷向了西去，天又晴了，太阳又露出脸来了；着着很厚的青布单衣或夹袄的都市闲人，咬着烟管，在雨后的斜桥影里，上桥头树底下去一立，遇见熟人，便会用了缓慢悠闲的声调，微叹着互答着的说：

"唉，天可真凉了——"（这了字念得很高，拖得很长。）

"可不是么？一层秋雨一层凉啦！"

北方人念阵字，总老像是层字，平平仄仄起来，这念错的歧韵，倒来得正好。

北方的果树，到秋来，也是一种奇景。第一是枣子树：屋角，墙头，茅房边上，灶房门口，它都会一株株地长大起来。像橄榄又像鸽蛋似的这枣子颗儿，在小椭圆形的细叶中间，显出淡绿微黄的颜色的时候，正是秋的全盛时期，等枣树叶落，枣子红完，西北风就要起来了，北方便是尘沙灰土的世界，只有这枣子、柿子、葡萄，成熟到八九分的七八月之交，是北国的清秋的佳日，是一年之中最好也没有的Golden Days。

有些批评家说，中国的文人学士，尤其是诗人，都带着很浓厚的颓废色彩，所以中国的诗文里，颂赞秋的文字特别的多。但外国的诗人，又何尝不然？我虽则外国诗文念得不多，也不想开出账来，做一篇秋的诗歌散文钞，但你若去一翻英德法意等诗人的集子，或各国的诗文的Anthology来，总能够看到许多关于秋的歌颂与悲啼。各著名的大诗人的长篇田园诗或四季诗里，也总以关于秋的部分，写得最出色而最有味。足见有感觉的动物，有情趣的人类，对于秋，总是一样的能特别引起深沉，幽远，严厉，萧索的感触来的。不单是诗人，就是被关闭在牢狱里的囚犯，到了秋天，我想也一定会感到一种不能自己的深情：秋之于人，何尝有国别，更何尝有人种阶级的区别呢？不过在中国，文字里有一个"秋士"的成语，读本里又有着很普遍的欧阳子的《秋声》与苏东坡的《赤壁赋》等，就觉得中国的文人，与秋的关系特别深了。可是这秋的深味，尤其是中国的秋的深味，非要在北，才感受得到底。

南国之秋，当然是也有它的特异的地方的，譬如廿四桥的明月，钱塘江的秋潮，普陀山的凉雾，荔枝湾的残荷等等，可是色彩不浓，回味不永。比起北国的秋来，正像是黄酒之与白干，稀饭之与馍馍，鲈鱼之与大蟹，黄犬之与骆驼。

秋天，这北国的秋天，若留得住的话，我愿意把寿命的三分之二折去，换得一个三分之一的零头。

1934年8月，在北平

（二）

春江花月夜

〔唐〕张若虚

春江潮水连海平，海上明月共潮生。

滟滟随波千万里，何处春江无月明！

江流宛转绕芳甸，月照花林皆似霰。

空里流霜不觉飞，汀上白沙看不见。

江天一色无纤尘，皎皎空中孤月轮。

江畔何人初见月？江月何年初照人？

人生代代无穷巳，江月年年望相似。

不知江月待何人，但见长江送流水。

白云一片去悠悠，青枫浦上不胜愁。

谁家今夜扁舟子？何处相思明月楼？

可怜楼上月徘徊，应照离人妆镜台。

玉户帘中卷不去，捣衣砧上拂还来。

此时相望不相闻，愿逐月华流照君。

鸿雁长飞光不度，鱼龙潜跃水成文。

昨夜闲潭梦落花，可怜春半不还家。

江水流春去欲尽，江潭落月复西斜。

斜月沉沉藏海雾，碣石潇湘无限路。

不知乘月几人归，落月摇情满江树。

第三课　命题说话训练

应知导航

1. 掌握命题说话的特点。
2. 掌握命题说话的训练方式。

知识探究

　　普通话水平测试中有一种命题说话的题型，限时 3 分钟，共 30 分（若免测"选择判断"测试项，则共 40 分）。其目的在于测查应试人在无文字凭借的情况下说普通话的水平，重点测查语音标准程度、词汇语法规范程度和自然流畅程度。

一、命题说话的特点

1. 半即兴方式
命题说话的话题公开，应试人可提前准备，适当进行临场发挥。

2. 限定性表达
应试人可以在供选择的 2 个题目中确定 1 个，按照要求完成 3 分钟的表述，不得跑题、换题。

3. 表述口语化

使用口语化词汇，吐字清楚，停连得当，表述连贯；话语结构简明，短句多。

4. 语言规范化

不能有背读痕迹，力求口语自然、规范，不使用方言词汇和方言语法。

二、命题说话的要求

1. 准确简洁，流畅明快

要求语音、词汇、语法规范，表达确切清晰，阐述分寸适度，严谨简练；语言脉络清楚，通俗明白，逻辑性强，语流通畅。

2. 语音自然，语调适宜

说话时使用日常标准普通话口语的语音、语调，不要带有背诵、朗诵、演讲腔调。语气要亲切、自然、朴实，满足内容表达和情感抒发的需要。

3. 生动活泼，内涵丰富

命题说话应通俗易懂、平易自然，多用口语词，少用书面语、古语词，尽量不用生僻词、同音词、专业词语、容易产生歧义的词语，不夹杂不规范的时髦用语、带有阶层团体色彩的特殊用语；要注意所选材料的生动性、形象性、具体性。

4. 结构合理，契合语境

命题说话要做到结构有序，层次清楚，过渡自然。应试人要考虑到 3 分钟这个时间要求，以及测试员听觉的同步评判特点，不宜采用过于复杂或跳跃性强的结构，而应选择较为简单的结构。

5. 言思同步，应变自如

应试人需要迅速确定话题，明确主旨，构建结构，扩展话语，并做到言思同步，要善于把自己不太熟悉、不能完全驾驭的题目转化为自己熟悉的内容，学会限制大的话题，巧妙地将其转化为具体的话题，化繁为简，化大为小。

三、命题说话的技巧

1. 做好应试心理准备

命题说话时怯场、应试时状态不佳的应试人并不少见。平时不说或很少说普通话，测试前备考不充分，或普通话基础一般，又没有参加测前培训等，是此问题产生的主要原因。解决此问题的办法主要有 2 个。

第一，平时要坚持说普通话，或者从参加普通话培训学习开始就试说普通话，这对应试人而言就是对普通话思维能力和心理素质的潜移默化的训练。这样应试人应试时才会有平静自然的心态，甚至可能进入最佳状态，有超常的发挥。

第二，认真备考。命题说话不能像其他测试那样照读，也不允许背读，其半即兴的特点要求应试人考前必须认真准备，如给每个题目编一个提纲，试着说一说。应试人考前准备充分，做到心中有数，自然会临考不惧。

2. 明确审题分类

审题分类是说话准备过程中最重要的环节。审题不当，就会导致跑题偏题、结构混乱、言语不畅。普通话水平测试用的 30 个话题大体可以分为 3 类。

（1）叙述描写类

叙述描写类可细分为记人、记事 2 种。

记人：我尊敬的人、我的朋友、我喜欢的明星（或其他知名人士）等。

记事：我的愿望（或理想）、我的学习生活、童年的记忆、难忘的旅行、我的业余生活、我的假日生活、我的成长之路、我和体育等。

叙述类话题的说话，要求中心突出、内容具体、线索清楚，注意表达的顺序，交代清楚人物、时间、地点及事情的发生、过程和结果。描写类话题的说话，要求用形象生动的语言把描述对象的特征再现出来。

（2）介绍说明类

例如，我喜爱的动物（或植物）、我喜爱的职业、我喜爱的文学（或其他）艺术形式、我喜欢的季节（或天气）、我知道的风俗、我的家乡（或熟悉的地方）、我喜欢的节目、我所在的集体（学校、机关、公司等）、我喜爱的书刊、我向往的地方等。

介绍说明类话题的说话，要求通过科学细致的观察，运用分类说明、举例说明、引用说明等说明方法，比较全面地介绍说明对象的整体面貌。

（3）议论评说类

例如，谈谈卫生与健康、学习普通话的体会、谈谈服饰、谈谈科技发展与社会生活、谈谈美食、谈谈社会公德（或职业道德）、谈谈个人修养、谈谈对环境保护的认识、购物（消费）的感受等。

议论评说类话题的说话，要求观点明确，论证有序，材料具体，结构比较完整。

上述分类不是绝对的，尤其是叙述描写类与介绍说明类的话题并无严格的界限和区别。例如"我的学习生活"可以用介绍说明的方式进行表述，"我向往的地方"也可以转化为叙述描写类的话题。

3. 确立中心

普通话命题说话的 30 个话题只确定了说话内容的大致范围，没有限定具体的内容。例如"我向往的地方"，可以介绍某地方的景致、人物、风情，也可以讲述为什么向往那个地方等。应试人在备考时，要认真分析题目的意思、话题的指向、限定的范围、话题所包含的情感色彩，并根据自己的具体情况（个人的经历、知识的积累、最熟悉的材料等），准确定位，以确立每个话题的中心——说话的主题，并以此作为构建命题说话结构布局的依据。

4．掌握结构布局

结构布局是命题说话构思的基本框架。应试人对命题说话有一定的主动权，因为话题是公开的。一般的应试人在备考时，可以根据30个话题所确定的话题中心编写说话提纲，确定每个话题的结构框架。普通话基础较好的应试人也应当熟悉30个话题，根据每个话题的中心，确定其大致的结构层次。应考时，应试人进入考场后还有几分钟的准备时间，可以回忆一下选定的话题的结构框架，迅速完成全篇的构思。命题说话的结构布局也有一些可供依循的参考模式。

（1）"三段式"结构（多用于议论评说类话题）

导入部分：说话的开头，可使用引人注意、让人感觉有趣的材料，迅速切入话题的中心。

展开部分：按照时间顺序、因果顺序，以及提出问题—分析问题—解决问题的顺序等展开话题，做好论点或话题中心明确的结构安排。

结束部分：强调话题中心，回应、归纳要点或提出希望等。

（2）"顺序式"结构（适用于议论评说类、叙述描写类等多种话题）

"顺序式"结构布局是简单、灵活、实用的话语结构形式。"顺序式"结构布局的主要特点：在话题中心确定后，大体可按照"第一点、第二点、第三点……"或"首先、其次、最后"的顺序组织材料，直接、迅速地切入话题中心。例如"我尊敬的人"，可以按照一定的顺序，讲述其值得尊敬的几件事等；"谈谈社会公德（或职业道德）"，可以依序谈几点感受和认识等。如果"两点"能阐述清楚话题，"第三点"就不需要了；如果说话的时间还有剩余，可依序加上"第四点"等。

（3）"点面结合式"结构

一个论点可以从正面、反面等不同角度来论述。例如"谈谈个人修养"，如果话题中心是"个人修养的重要性"，可以先谈谈加强个人修养的好处，然后谈谈不注重个人修养的坏处；说话时间还有剩余时，可以再补充好处或坏处的具体表现。

对一件事情的体会，应试人可以从不同角度、不同层面讲述个人的理解或感受。例如"学习普通话的体会"，可以先谈一下过去的认识，再谈一下现在的感受、今后的打算等。

5．做好材料选择

话语材料是为话题服务的，而自己最熟悉的素材、经历、感受和知识积累，往往又是最终确定某一话题中心的主导因素。实际上，应试人在确定命题说话的话题中心及结构布局的同时，就要考虑话语材料的取舍问题。在备考过程中，应试人要根据话题中心和话题结构布局精心选材。无论是议论评说类话题，还是叙述描写类话题，选取的材料都要具体可信。例如"谈谈社会公德"，可以选择几个具体、生动、有说服力的材料作为论据，适当加入一些分析，有理有序地展开论述。如果时间充裕，可选择一些带有情感色彩、具有启发性或富于哲理性的材料作为说话的结尾，以增强说话的感染力和说服力。叙述描写类话题中的事件的发生、过程、结果等，介绍说明类话题中的分类说明、举例说明、引用说明等，都需要真实可信的具体材料来支撑。例如"我的朋友"，可以讲述朋友的一件或几件令你印象最深的事。

四、命题说话专项训练

1. 基本话语语段训练

（1）基本话语语段的特点

叙述、说明、描写、议论、抒情是 5 种常见的话语语段（简称"话语"），也是最基本的话语表达形式。在不同类型（叙述描写类、议论评说类等）的话题中，这些话语（主要是前 4 种）作用不同，口语特色也不同。在命题说话中，应试人根据不同的话题有所侧重地运用这些话语，将会得到比较理想的效果。

① 叙述性话语。叙述性话语的特点是具体、用语平实，其在叙述描写类话题中常用来描述人物、事件的发生和发展等；在议论评说类话题中，其常用来进行真实可信的事实讲述，有时也用作过渡性语言。叙述性话语在口语表达中，语速适中，节奏变化小，语调平直。

② 说明性话语。说明性话语的特点是简明、真实、准确，常用于介绍或解释事物的性质、特点、状态、成因、功能等。其口语特点是吐词清晰、语速较慢、语调平直。

③ 描写性话语。描写性话语多辞藻华丽，形象生动，常用于人物形象、动作、心理的刻画，场景描写，气氛的烘托、渲染等。其口语特点是语速、节奏较慢，富有感情色彩，感染力强。它往往是话题高潮的前奏，或直接形成话题的高潮。

④ 议论性话语。议论性话语是议论评说类话题中不可缺少的成分，有时也用在介绍说明类话题中。它一般是在叙述的基础上，对某个问题、某件事情进行评论，用以表明自己的观点或态度。其口语特点是语速、节奏较快，变化也较大，语调的抑扬也比较明显。议论性话语应做到态度鲜明、有的放矢、针对性强。

⑤ 抒情性话语。抒情性话语在命题说话中一般很少出现。直接和间接抒情一般是在叙述、描写的基础上产生的，常常伴随着议论而发生，并往往形成话题的高潮。

（2）训练方法

① 单项训练。

叙述：讲述自己熟悉的一件事的发生、发展过程和结果，或讲述一个具体、真实的事件，将其作为一个论点的论据。要求语言平实，语速较慢，语调平直自然，内容比较完整，时长控制在 1 分钟左右。

描述：描述自己熟悉的人物的行为特征、神态、说话的语气，或选择生活中一些特定的场景进行描述，如久别重逢、成功时刻等。要求语言生动形象，语速较慢，富有感情，抓住特点，时长控制在半分钟左右。

议论：摆出一个事实，即兴而发，用简明、具有理性思辨色彩的话语，从正面或反面进行分析（评述），并阐明自己的看法。要求观点鲜明，语调有起伏，语速、节奏有明显的变化，时长控制在 1 分钟左右。

② 综合训练。应试人在备考时，可以根据话题中心，有目的地选择叙述性话语（论点）、说明性话语（论据）、议论性话语（分析）进行结构布局，对不同的语言形式，采用不同的口语表达方法（语速、节奏、语调等）进行试说试讲，体会它们的差异和表达效果，从综合运用的角度入手，达到综合训练的目的。

2. 话题转换训练

在测试规则允许的范围内，应试人可以利用话题内在的相关性进行话题转换，打开思路。话题转换的好处是可以化难为易，变被动为主动。同时，这种比较灵活的处理办法也有利于应试人思维能力的训练和培养。

（1）话题转换的方法

在备考时，如果应试人觉得"我的愿望（或理想）"一题不太好处理，可通过开头的巧妙转换，直接转入自己熟悉或比较有把握的话题，并选择最有把握的话题中心和自己最熟悉的材料，来完成自己的备考和测试。例如下面的话题转换方法。

我喜爱的职业：我的愿望是做一名职业经纪人，这也是我最喜爱的职业……

难忘的旅行：我的愿望是去香格里拉旅行，去年我终于实现了这一梦想……

我的成长之路：我的成长之路始终伴随着一个愿望，那就是……

我向往的地方：西双版纳是我向往的地方，去那儿感受大自然、拥抱大自然是我多年……

谈谈美食：我很讲究吃。我还记得爸爸给我做的小甜饼那种香喷喷的味道。给爸爸妈妈做上几道美味佳肴，让他们也享享福，是我的一个小小愿望……

（2）训练方法

应试人在备考时，可事先对存在内在联系、可以进行转化的话题进行分析，找到转化的对应话题。例如"我的愿望（或理想）"的转化对象是"我向往的地方"，即可直接按照转化后的话题"我向往的地方"确定话题中心，安排篇章布局，组织相关材料，进行备考训练。

3. 命题说话试讲训练

（1）照讲稿复述训练

初学普通话、普通话基础较差或不善于口语表达的应试人马上进行脱稿命题说话会有一定的困难，照讲稿复述训练则是一种很有效的过渡方法。复述是以熟记原材料为基础，按照原材料重复述说。复述又分为详细复述、简要复述、扩展复述、变角度复述等。详细复述是最接近原材料的复述。照讲稿复述是一种宽泛的详细复述，它要求应试人把握话题中心，忠于讲稿的基本框架和表达顺序，突出重点词句；话语清楚、连贯，语速以中速为宜，保持原稿的话语基调。

应试人在复习备考时，可以写一两篇命题讲稿，训练时，先读几遍原稿，熟悉命题讲稿的详细内容，然后选择一两段进行复述（每段 100 字左右），如果比较顺利，再进行全稿的详细复述，最终达到半即兴命题说话水平。

（2）依照提纲进行说话训练

依照提纲说话，即先写出命题说话某个话题的提纲（根据个人的具体情况可简可详），再根据提纲完成整个话题的讲述。它要求应试人事先做好充分的准备，对整个说话的结构、材料有整体认识。说话的提纲应该包括以下部分：话题中心或论点，结构形式，开头、过渡、发展、结尾，主要材料及备用材料。说话的提纲可采用提要的形式或图表的形式，简明扼要地反映对说话所做的所有准备。依照提纲进行说话训练，可以先分段试讲。第一段的讲述时间控制在 1 分钟之内，第二段的讲述时间控制在 2 分钟之内。按整个提纲讲完，时间应不少于 3 分 30 秒（留有余地）。

（3）半即兴说话训练

普通话水平测试的命题说话是半即兴的命题说话，它要求应试人从抽到的说话题目中选择其一，在完全无文字依托的情况下，根据考前所做的准备，迅速构思成篇，完成不少于 3 分钟的说话。半即兴说话训练实际上就是普通话水平测试"命题说话"的实战训练和演习。

训练方法：随意抽一个题目，默想（回忆）一下原先构拟的说话提纲，在脑海里迅速完成全篇说话的结构布局，补充相关的材料，稍加思索后，开始全篇的试讲。

学以致用

用普通话朗读下面的文章。

记念刘和珍君

鲁 迅

一

中华民国十五年三月二十五日，就是国立北京女子师范大学为十八日在段祺瑞执政府前遇害的刘和珍杨德群两君开追悼会的那一天，我独在礼堂外徘徊，遇见程君，前来问我道，"先生可曾为刘和珍写了一点什么没有？"我说"没有"。她就正告我，"先生还是写一点罢，刘和珍生前就很爱看先生的文章。"

这是我知道的，凡我所编辑的期刊，大概是因为往往有始无终之故罢，销行一向就甚为寥落，然而在这样的生活艰难中，毅然预定了《莽原》全年的就有她。

我也早觉得有写一点东西的必要了，这虽然于死者毫不相干，但在生者，却大抵只能如此而已。倘使我能够相信真有所谓"在天之灵"，那自然可以得到更大的安慰，——但是，现在，却只能如此而已。

可是我实在无话可说。我只觉得所住的并非人间。四十多个青年的血，洋溢在我的周围，使我艰于呼吸视听，那里还能有什么言语？长歌当哭，是必须在痛定之后的。而此后几个所谓学者文人的阴险的论调，尤使我觉得悲哀。我已经出离愤怒了。我将深味这非人间的浓黑的悲凉；以我的最大哀痛显示于非人间，使它们快意于我的苦痛，就将这作为后死者的菲薄的祭品，奉献于逝者的灵前。

二

真的猛士，敢于直面惨淡的人生，敢于正视淋漓的鲜血。这是怎样的哀痛者和幸福者？然而造化又常常为庸人设计，以时间的流驶，来洗涤旧迹，仅使留下淡红的血色和微漠的悲哀。在这淡红的血色和微漠的悲哀中，又给人暂得偷生，维持着这似人非人的世界。我不知道这样的世界何时是一个尽头！

我们还在这样的世上活着；我也早觉得有写一点东西的必要了。离三月十八日也已有两星期，忘却的救主快要降临了罢，我正有写一点东西的必要了。

三

在四十余被害的青年之中，刘和珍君是我的学生。学生云者，我向来这样想，这样说，现在却觉得有些踌躇了，我应该对她奉献我的悲哀与尊敬。她不是"苟活到现在的我"的学生，是为了中国而死的中国的青年。

她的姓名第一次为我所见，是在去年夏初杨荫榆女士做女子师范大学校长，开除校中六个学生自治会职员的时候。其中的一个就是她；但是我不认识。直到后来，也许已经是刘百昭率领男女武将，强拖出校之后了，才有人指着一个学生告诉我，说：这就是刘和珍。其时我才能将姓名和实体联合起来，心中却暗自诧异。我平素想，能够不为势利所屈，反抗一广有羽翼的校长的学生，无论如何，总该是有些桀骜锋利的，但她却常常微笑着，态度很温和。待到偏安于宗帽胡同，赁屋授课之后，她才始来听我的讲义，于是见面的回数就较多了，也还是始终微笑着，态度很温和。待到学校恢复旧观，往日的教职员以为责任已尽，准备陆续引退的时候，我才见她虑及母校前途，黯然至于泣下。此后似乎就不相见。总之，在我的记忆上，那一次就是永别了。

四

我在十八日早晨，才知道上午有群众向执政府请愿的事；下午便得到噩耗，说卫队居然开枪，死伤至数百人，而刘和珍君即在遇害者之列。但我对于这些传说，竟至于颇为怀疑。我向来是不惮以最坏的恶意，来推测中国人的，然而我还不料，也不信竟会下劣凶残到这地步。况且始终微笑着的和蔼的刘和珍君，更何至于无端在府门前喋血呢？

然而即日证明是事实了，作证的便是她自己的尸骸。还有一具，是杨德群君的。而且又证明着这不但是杀害，简直是虐杀，因为身体上还有棍棒的伤痕。

但段政府就有令，说她们是"暴徒"！

但接着就有流言，说她们是受人利用的。

惨象，已使我目不忍视了；流言，尤使我耳不忍闻。我还有什么话可说呢？我懂得衰亡民族之所以默无声息的缘由了。沉默呵，沉默呵！不在沉默中爆发，就在沉默中灭亡。

五

但是，我还有要说的话。

我没有亲见；听说，她，刘和珍君，那时是欣然前往的。自然，请愿而已，稍有人心者，谁也不会料到有这样的罗网。但竟在执政府前中弹了，从背部入，斜穿心肺，已是致命的创伤，只是没有便死。同去的张静淑君想扶起她，中了四弹，其一是手枪，立仆；同去的杨德群君又想去扶起她，也被击，弹从左肩入，穿胸偏右出，也立仆。但她还能坐起来，一个兵在她头部及胸部猛击两棍，于是死掉了。

始终微笑的和蔼的刘和珍君确是死掉了，这是真的，有她自己的尸骸为证；沉勇而友爱的杨德群君也死掉了，有她自己的尸骸为证；只有一样沉勇而友爱的张静淑君还在医院里呻吟。当三个女子从容地转辗于文明人所发明的枪弹的攒射中的时候，这是怎样的一个惊心动魄的伟大呵！中国军人的屠戮妇婴的伟绩，八国联军的惩创学生的武功，不幸全被这几缕血痕抹杀了。

但是中外的杀人者却居然昂起头来，不知道个个脸上有着血污……

六

时间永是流驶，街市依旧太平，有限的几个生命，在中国是不算什么的，至多，不过供无恶意的闲人以饭后的谈资，或者给有恶意的闲人作"流言"的种子。至于此外的深的意义，我总觉得很寥寥，因为这实在不过是徒手的请愿。人类的血战前行的历史，正如煤的形成，当时用大量的木材，结果却只是一小块，但请愿是不在其中的，更何况是徒手。

然而既然有了血痕了，当然不觉要扩大。至少，也当浸渍了亲族，师友，爱人的心，纵使时光流驶，洗成绯红，也会在微漠的悲哀中永存微笑的和蔼的旧影。陶潜说过，"亲戚或余悲，他人亦已歌，死去何所道，托体同山阿。"倘能如此，这也就够了。

七

我已经说过：我向来是不惮以最坏的恶意来推测中国人的。但这回却很有几点出于我的意外。一是当局者竟会这样地凶残，一是流言家竟至如此之下劣，一是中国的女性临难竟能如是之从容。

我目睹中国女子的办事，是始于去年的，虽然是少数，但看那干练坚决，百折不回的气概，曾经屡次为之感叹。至于这一回在弹雨中互相救助，虽殒身不恤的事实，则更足为中国女子的勇毅，虽遭阴谋秘计，压抑至数千年，而终于没有消亡的明证了。倘要寻求这一次死伤者对于将来的意义，意义就在此罢。

苟活者在淡红的血色中，会依稀看见微茫的希望；真的猛士，将更奋然而前行。

呜呼，我说不出话，但以此记念刘和珍君！

四月一日。

素养提升

从"朗读者"身上感受中国共产党人的精神

"国测一大队"自1954年成立以来，先后有46名队员因为疾病、冰冻、车祸、坠江等各种原因牺牲在岗位上，有些人甚至连墓碑都没有。他们用汗水和生命丈量着祖国的版图，让崇山峻岭、荒野戈壁、江河湖海、原始森林有了精准的坐标。"国测一大队"做客《朗读者》时回忆起当年向登山队党委3次请愿参与1975年珠峰测绘任务时的情形，郁期青记得，他在日记中写道："人生能有几次搏，此时不搏待何时？"热爱祖国、忠诚事业、艰苦奋斗、无私奉献，是被"国测一大队"刻在骨子里的信念。和董卿畅谈往事的时候，曾在抗击新冠肺炎疫情时期挺身而出的中国共产党人张定宇，平静地像是在说别人的事情。回归烟火日常，"人民英雄"就是平凡的人，他告诉大家："被人需要，还能工作，每天忙得不得了，是我最喜欢的事情。能够对这个社会有点意义，有点帮助，这个很好。"

心有大我，至诚报国，全心为民。他们的身上，集中显示了爱国与爱党、理想与现实、做事与做人的统一，鲜明体现了忠诚、干净、有担当的政治品格。有血有肉的人生群像，有笑有泪的奋斗史诗，具象而又生动地回答着"中国共产党为什么能"的时代之问，党的先进性和纯洁性在"朗读者"身上铿锵尽显。

讨论：

1. 从"朗读者"身上，你学到了什么？
2. 中国共产党人还有哪些优秀品质和精神值得我们学习和发扬？

附 录

附录 A 普通话水平
测试大纲

根据教育部、国家语言文字工作委员会发布的《普通话水平测试管理规定》《普通话水平测试等级标准》，制定本大纲。

一、测试的名称、性质、方式

本测试定名为"普通话水平测试"（PUTONGHUA SHUIPING CESHI，缩写为 PSC）。

普通话水平测试测查应试人的普通话规范程度、熟练程度，认定其普通话水平等级，属于标准参照性考试。本大纲规定测试的内容、范围、题型及评分系统。

普通话水平测试以口试方式进行。

二、测试内容和范围

普通话水平测试的内容包括普通话语音、词汇和语法。

普通话水平测试的范围是国家测试机构编制的《普通话水平测试用普通话词语表》《普通话水平测试用普通话与方言词语对照表》《普通话水平测试用普通话与方言常见语法差异对照表》《普通话水平测试用朗读作品》《普通话水平测试用话题》。

三、试卷构成和评分

试卷包括 5 个组成部分，满分为 100 分。

（一）读单音节字词（100 个音节，不含轻声、儿化音节），限时 3.5 分钟，共 10 分。

1. 目的
测查应试人声母、韵母、声调读音的标准程度。

2. 要求
（1）100 个音节中，70%选自《普通话水平测试用普通话词语表》"表一"，30%选自"表二"。

（2）100 个音节中，每个声母出现次数一般不少于 3 次，每个韵母出现次数一般不少于 2 次，4 个声调出现次数大致均衡。

（3）音节的排列要避免同一测试要素连续出现。

3. 评分

（1）语音错误，每个音节扣 0.1 分。

（2）语音缺陷，每个音节扣 0.05 分。

（3）超时 1 分钟以内，扣 0.5 分；超时 1 分钟以上（含 1 分钟），扣 1 分。

（二）读多音节词语（100 个音节），限时 2.5 分钟，共 20 分。

1. 目的

测查应试人声母、韵母、声调和变调、轻声、儿化读音的标准程度。

2. 要求

（1）词语的 70% 选自《普通话水平测试用普通话词语表》"表一"，30% 选自"表二"。

（2）声母、韵母、声调出现的次数与读单音节字词的要求相同。

（3）上声与上声相连的词语不少于 3 个，上声与非上声相连的词语不少于 4 个，轻声不少于 3 个，儿化不少于 4 个（应为不同的儿化韵母）。

（4）词语的排列要避免同一测试要素连续出现。

3. 评分

（1）语音错误，每个音节扣 0.2 分。

（2）语音缺陷，每个音节扣 0.1 分。

（3）超时 1 分钟以内，扣 0.5 分；超时 1 分钟以上（含 1 分钟），扣 1 分。

（三）选择判断（10 组词语，10 组短语，5 组短语或短句），限时 3 分钟，共 10 分。

1. 词语判断（10 组）

（1）目的

测查应试人掌握普通话词语的规范程度。

（2）要求

根据《普通话水平测试用普通话与方言词语对照表》，列举 10 组普通话与方言意义相对应但说法不同的词语，由应试人判断并读出普通话的词语。

（3）评分

判断错误，每组扣 0.25 分。

2. 量词、名词搭配（10 组）

（1）目的

测查应试人掌握普通话名词和量词搭配的规范程度。

（2）要求

根据《普通话水平测试用普通话与方言常见语法差异对照表》，列举 10 个名词和若干量词，由应试人搭配并读出符合普通话规范的 10 组名量短语。

（3）评分

搭配错误，每组扣 0.5 分。

3. 语序或表达形式判断（5组）

（1）目的

测查应试人掌握普通话语法的规范程度。

（2）要求

根据《普通话水平测试用普通话与方言常见语法差异对照表》，列举5组普通话和方言意义相对应，但语序或表达习惯不同的短语或短句，由应试人判断并读出符合普通话语法规范的表达形式。

（3）评分

判断错误，每组扣0.5分。

选择判断合计超时1分钟以内，扣0.5分；超时1分钟以上（含1分钟），扣1分。答题时语音错误，每个音节扣0.1分；如判断错误已经扣分，不重复扣分。

（四）朗读短文（1篇，400个音节），限时4分钟，共30分。

1. 目的

测查应试人使用普通话朗读书面作品的水平。在测查声母、韵母、声调读音标准程度的同时，重点测查连读音变、停连、语调以及流畅程度。

2. 要求

（1）短文从《普通话水平测试用朗读作品》中选取。

（2）评分以朗读作品的前400个音节（不含标点符号和括注的音节）为限。

3. 评分

（1）每错1个音节，扣0.1分；漏读或增读1个音节，扣0.1分。

（2）声母或韵母的系统性语音缺陷，视程度扣0.5分、1分。

（3）语调偏误，视程度扣0.5分、1分、2分。

（4）停连不当，视程度扣0.5分、1分、2分。

（5）朗读不流畅（包括回读），视程度扣0.5分、1分、2分。

（6）超时扣1分。

（五）命题说话，限时3分钟，共30分。

1. 目的

测查应试人在无文字凭借的情况下说普通话的水平，重点测查语音标准程度、词汇语法规范程度和自然流畅程度。

2. 要求

（1）说话话题从《普通话水平测试用话题》中选取，由应试人从给定的2个话题中选定1个话题，连续说一段话。

（2）应试人单向说话。如发现应试人有明显背稿、离题、说话难以继续等表现时，主试人应及时提示或引导。

3. 评分

（1）语音标准程度，共20分。分六档：

一档：语音标准，或极少有失误。扣 0 分、0.5 分、1 分。

二档：语音错误在 10 次以下，有方音但不明显。扣 1.5 分、2 分。

三档：语音错误在 10 次以下，但方音比较明显；或语音错误为 10～15 次，有方音但不明显。扣 3 分、4 分。

四档：语音错误为 10～15 次，方音比较明显。扣 5 分、6 分。

五档：语音错误超过 15 次，方音明显。扣 7 分、8 分、9 分。

六档：语音错误多，方音重。扣 10 分、11 分、12 分。

（2）词汇语法规范程度，共 5 分。分三档：

一档：词汇、语法规范。扣 0 分。

二档：词汇、语法偶有不规范的情况。扣 0.5 分、1 分。

三档：词汇、语法屡有不规范的情况。扣 2 分、3 分。

（3）自然流畅程度，共 5 分。分三档：

一档：语言自然流畅。扣 0 分。

二档：语言基本流畅，口语化较差，有背稿子的表现。扣 0.5 分、1 分。

三档：语言不连贯，语调生硬。扣 2 分、3 分。

说话不足 3 分钟，酌情扣分：缺时 1 分钟以内（含 1 分钟），扣 1 分、2 分、3 分；缺时 1 分钟以上，扣 4 分、5 分、6 分；说话不满 30 秒（含 30 秒），本测试项成绩计为 0 分。

四、应试人普通话水平等级的确定

国家语言文字工作部门发布的《普通话水平测试等级标准》是确定应试人普通话水平等级的依据。测试机构根据应试人的测试成绩确定其普通话水平等级，由省、自治区、直辖市以上语言文字工作部门颁发相应的普通话水平测试等级证书。

普通话水平划分为三个级别，每个级别内划分两个等次。其中：

97 分及其以上，为一级甲等；

92 分及其以上但不足 97 分，为一级乙等；

87 分及其以上但不足 92 分，为二级甲等；

80 分及其以上但不足 87 分，为二级乙等；

70 分及其以上但不足 80 分，为三级甲等；

60 分及其以上但不足 70 分，为三级乙等。

注：各省、自治区、直辖市语言文字工作部门可以根据测试对象或本地区的实际情况，决定是否免测"选择判断"测试项。如免测此项，"命题说话"测试项的分值由 30 分调整为 40 分。评分档次不变，具体分值调整如下：

（1）语音标准程度的分值，由 20 分调整为 25 分。

一档：扣 0 分、1 分、2 分。

二档：扣 3 分、4 分。

三档：扣 5 分、6 分。

四档：扣 7 分、8 分。

五档：扣 9 分、10 分、11 分。

六档：扣 12 分、13 分、14 分。

（2）词汇语法规范程度的分值，由 5 分调整为 10 分。

一档：扣 0 分。

二档：扣 1 分、2 分。

三档：扣 3 分、4 分。

（3）自然流畅程度，仍为 5 分，各档分值不变。

附录 B 普通话水平测试等级标准（试行）（1997-12-05）

一级

甲等　朗读和自由交谈时，语音标准，词汇、语法正确无误，语调自然，表达流畅。测试总失分率在 3% 以内。

乙等　朗读和自由交谈时，语音标准，词汇、语法正确无误，语调自然，表达流畅。偶然有字音、字调失误。测试总失分率在 8% 以内。

二级

甲等　朗读和自由交谈时，声韵调发音基本标准，语调自然，表达流畅。少数难点音（平翘舌音、前后鼻尾音、边鼻音等）有时出现失误。词汇、语法极少有误。测试总失分率在 13% 以内。

乙等　朗读和自由交谈时，个别调值不准，声韵母发音有不到位现象。难点音（平翘舌音、前后鼻尾音、边鼻音、fu-hu、z-zh-j、送气不送气、i-ü、保留浊塞音和浊塞擦音、丢介音、复韵母单音化等）失误较多。方言语调不明显。有使用方言词、方言语法的情况。测试总失分率在 20% 以内。

三级

甲等　朗读和自由交谈时，声韵调发音失误较多，难点音超出常见范围，声调调值多不准。方言语调较明显。词汇、语法有失误。测试总失分率在 30% 以内。

乙等　朗读和自由交谈时，声韵调发音失误多，方音特征突出。方言语调明显。词汇、语法失误较多。外地人听其谈话有听不懂的情况。测试总失分率在 40% 以内。

附录 C　普通话异读词审音表[①]

中国文字改革委员会普通话审音委员会，于 1957 年、1959 年至 1962 年先后发表了《普通话异读词审音表初稿》正编、续编和三编，1963 年公布《普通话异读词三次审音总表初稿》。经过二十多年的实际应用，普通话审音委员会在总结经验的基础上，于 1982 年至 1985 年组织专家学者进行审核修订，制定了《普通话异读词审音表》，这个审音表经过国家语言文字工作委员会、国家教育委员会、广播电视部（现为国家广播电视总局）审核通过，于 1985 年 12 月联合发布。

说　明

一、本表所审，主要是普通话有异读的词和有异读的作为"语素"的字。不列出多音多义字的全部读音和全部义项，与字典、词典形式不同。例如："和"字有多种义项和读音，而本表仅列出原有异读的八条词语，分列于 hè 和 huo 2 种读音之下（有多种读音，较常见的在前。下同）；其余无异读的音、义均不涉及。

二、在字后注明"统读"的，表示此字不论用于任何词语中只读一音（轻声变读不受此限），本表不再举出词例。例如："阀"字注明"fá（统读）"，原表"军阀""学阀""财阀"条和原表所无的"阀门"等词均不再举。

三、在字后不注"统读"的，表示此字有几种读音，本表只审订其中有异读的词语的读音。例如"艾"字本有 ài 和 yì 两音，本表只举"自怨自艾"一词，注明此处读 yì 音；至于 ài 音及其义项，并无异读，不再赘列。

四、有些字有文白二读，本表以"文"和"语"作注。前者一般用于书面语言，用于复音词和文言成语中；后者多用于口语中的单音词及少数日常生活事物的复音词中。这种情况在必要时各举词语为例。例如："杉"字下注"（一）shān（文）：紫～、红～、水～；（二）shā（语）：～篙、～木"。

五、有些字除附举词例之外，酌加简单说明，以便读者分辨。说

---

① 本表部分字音、字形与《现代汉语词典（第 7 版）》有异。

明或按具体字义，或按"动作义""名物义"等区分，例如："畜"字下注"（一）chù（名物义）：~力、家~、牲~、幼~；（二）xù（动作义）：~产、~牧、~养"。

六、有些字的几种读音中某音用处较窄，另音用处甚宽，则注"除××（较少的词）念乙音外，其他都念甲音"，以避免列举词条繁而未尽、挂一漏万的缺点。例如："结"字下注"除'~了个果子''开花~果''~巴''~实'念 jiē 外，其他都念 jié"。

七、由于轻声问题比较复杂，除《初稿》涉及的部分轻声词之外，本表一般不予审订，并删去部分原审的轻声词，例如"麻刀（dao）""容易（yi）"等。

八、本表酌增少量有异读的字或词，做了审订。

九、除因第二、六、七各条说明中所举原因而删略的词条之外，本表又删汰了部分词条。主要原因是：

1．现已无异读（如"队伍""理会"）；

2．罕用词语（如"俵分""仔密"）；

3．方言土音（如"归里包堆（zuī）""告送（song）"）；

4．不常用的文言词语（如"刍荛""甔甀"）；

5．音变现象（如"胡里八涂（tū）""毛毛腾腾（tēngtēng）"）；

6．重复累赘（如原表"色"字的有关词语分列达 23 条之多）。删汰条目不再编入。

十、人名、地名的异读审订，除原表已涉及的少量词条外，留待以后再审。

A

阿（一）ā ~訇 ~罗汉 ~木林
　　　　~姨
　　（二）ē ~谀 ~附 ~胶
　　　　~弥陀佛

挨（一）āi ~个 ~近
　　（二）ái ~打 ~说

癌 ái（统读）

霭 ǎi（统读）

蔼 ǎi（统读）

隘 ài（统读）

谙 ān（统读）

埯 ǎn（统读）

昂 áng（统读）

凹 āo（统读）

拗（一）ào ~口
　　（二）niù 执~　脾气很~

坳 ào（统读）

B

拔 bá（统读）

把 bà 印~子

白 bái（统读）

膀 bǎng 翅~

蚌（一）bàng 蛤~
　　（二）bèng ~埠

傍 bàng（统读）

磅 bàng 过~

龅 bāo（统读）

胞 bāo（统读）

薄（一）báo（语）常单用，如
　　　　"纸很～"
　　（二）bó（文）多用于复音词
　　　　～弱　稀～　淡～
　　　　尖嘴～舌　单～　厚～

堡（一）bǎo 碉～　～垒
　　（二）bǔ ～子　吴～　瓦窑～
　　　　　柴沟～
　　（三）pù 十里～

暴（一）bào ～露
　　（二）pù 一～（曝）十寒

爆 bào（统读）

焙 bèi（统读）

惫 bèi（统读）

背 bèi ～脊　～静

鄙 bǐ（统读）

俾 bǐ（统读）

笔 bǐ（统读）

比 bǐ（统读）

臂（一）bì 手～　～膀
　　（二）bei 胳～

庇 bì（统读）

髀 bì（统读）

避 bì（统读）

辟 bì 复～

裨 bì ～补　～益

婢 bì（统读）

痹 bì（统读）

壁 bì（统读）

蝙 biān（统读）

遍 biàn（统读）

骠（一）biāo 黄～马
　　（二）piào ～骑　～勇

傧 bīn（统读）

缤 bīn（统读）

濒 bīn（统读）

髌 bìn（统读）

屏（一）bǐng ～除　～弃
　　　　　～气　～息
　　（二）píng ～藩　～风

柄 bǐng（统读）

波 bō（统读）

播 bō（统读）

菠 bō（统读）

剥（一）bō（文）～削
　　（二）bāo（语）

泊（一）bó 淡～　飘～　停～
　　（二）pō 湖～　血～

帛 bó（统读）

勃 bó（统读）

钹 bó（统读）

伯（一）bó ～～（bo）老～
　　（二）bǎi 大～子（丈夫的哥哥）

箔 bó（统读）

簸（一）bǒ 颠～
　　（二）bò ～箕

膊 bo 胳～

卜 bo 萝～

醭 bú（统读）

哺 bǔ（统读）

捕 bǔ（统读）

鹌 bǔ（统读）

埠 bù（统读）

C

残 cán（统读）

惭 cán（统读）

灿 càn（统读）

藏（一）cáng 矿～
　　（二）zàng 宝～

糙 cāo（统读）

嘈 cáo（统读）

螬 cáo（统读）

厕 cè（统读）

岑 cén（统读）

差（一）chā（文）不～累黍
　　　　不～什么　偏～　色～
　　　　～别　视～　误～
　　　　电势～　一念之～
　　　　～池　～错　言～语错
　　　　一～二错　阴错阳～
　　　　～等　～额　～价
　　　　～强人意　～数　～异
　　（二）chà（语）～不多　～不离
　　　　～点儿
　　（三）cī 参～

猹 chá（统读）

搽 chá（统读）

阐 chǎn（统读）

羼 chàn（统读）

颤（一）chàn ～动　发～
　　（二）zhàn ～栗（战栗）
　　　　　打～（打战）

鞯 chàn（统读）

伥 chāng（统读）

场（一）chǎng ～合　～所　冷～
　　　　捧～
　　（二）cháng 外～　圩～　～院
　　　　一～雨
　　（三）chang 排～

钞 chāo（统读）

巢 cháo（统读）

嘲 cháo ～讽　～骂　～笑

耖 chào（统读）

车（一）chē 安步当～　杯水～薪
　　　　闭门造～　螳臂当～
　　（二）jū（象棋棋子名称）

晨 chén（统读）

称 chèn ～心～意　～职　对～

相～

撑 chēng（统读）

乘（动作义，念 chéng）包～制
　　～便　～风破浪　～客　～势
　　～兴

橙 chéng（统读）

惩 chéng（统读）

澄（一）chéng（文）～清（如"～清
　　　　混乱""～清问题"）
　　（二）dèng（语）单用，如"把水～
　　　　清了"

痴 chī（统读）

吃 chī（统读）

弛 chí（统读）

褫 chǐ（统读）

尺 chǐ ～寸　～头

豉 chǐ（统读）

侈 chǐ（统读）

炽 chì（统读）

春 chōng（统读）

冲 chòng ～床　～模

臭（一）chòu 遗～万年
　　（二）xiù 乳～　铜～

储 chǔ（统读）

处 chǔ（动作义）～罚　～分　～决
　　～理　～女　～置

畜（一）chù（名物义）～力　家～
　　　　牲～　幼～
　　（二）xù（动作义）～产　～牧
　　　　～养

触 chù（统读）

搐 chù（统读）

绌 chù（统读）

黜 chù（统读）

闯 chuǎng（统读）

创（一）chuàng 草～　～举　首～
　　　　～造　～作

（二）chuāng ～伤　重～

绰（一）chuò ～～有余

　　（二）chuo 宽～

疵 cī（统读）

雌 cí（统读）

赐 cì（统读）

伺 cì ～候

枞（一）cōng ～树

　　（二）zōng ～阳〔地名〕

从 cóng（统读）

丛 cóng（统读）

攒 cuán 万头～动　万箭～心

脆 cuì（统读）

撮（一）cuō ～儿　一～儿盐

　　　　　一～儿匪帮

　　（二）zuǒ 一～儿毛

措 cuò（统读）

D

搭 dā（统读）

答（一）dá 报～　～复

　　（二）dā ～理　～应

打 dá 苏～　一～（十二个）

大（一）dà ～夫（古官名）　～王

　　　　（如"爆破～王""钢

　　　　铁～王"）

　　（二）dài ～夫（医生）　～黄

　　　　　～王（如"山～王"）

　　　　　～城〔地名〕

呆 dāi（统读）

傣 dǎi（统读）

逮（一）dài（文）～捕

　　（二）dǎi（语）单用，如"～蚊

　　　　　子""～特务"

当（一）dāng ～地　～间儿　～年

　　　　（指过去）～日（指过去）

　　　　　～天（指过去）

～时（指过去）　螳臂～车

　　（二）dàng 一个～俩

　　　　　安步～车　适～

　　　　　～年（同一年）

　　　　　～日（同一时候）

　　　　　～天（同一天）

档 dàng（统读）

蹈 dǎo（统读）

导 dǎo（统读）

倒（一）dǎo 颠～　颠～是非

　　　　　颠～黑白　颠三～四

　　　　　倾箱～箧　排山～海

　　　　　～板　～嚼　～仓　～嗓

　　　　　～戈　潦～

　　（二）dào ～粪（把粪弄碎）

悼 dào（统读）

纛 dào（统读）

凳 dèng（统读）

羝 dī（统读）

氐 dī〔古民族名〕

堤 dī（统读）

提 dī ～防

的 dí ～当　～确

抵 dǐ（统读）

蒂 dì（统读）

缔 dì（统读）

谛 dì（统读）

点 dian 打～（收拾、贿赂）

跌 diē（统读）

蝶 dié（统读）

订 dìng（统读）

都（一）dōu ～来了

　　（二）dū ～市　首～

　　　　　大～（大多）

堆 duī（统读）

吨 dūn（统读）

盾 dùn（统读）

多 duō（统读）

咄 duō（统读）

掇（一）duō（"拾取、采取"义）

　　（二）duo 撺~　掂~

裰 duō（统读）

踱 duó（统读）

度 duó 忖~　~德量力

E

婀 ē（统读）

F

伐 fá（统读）

阀 fá（统读）

砝 fǎ（统读）

法 fǎ（统读）

发 fà 理~　脱~　结~

帆 fān（统读）

藩 fān（统读）

梵 fàn（统读）

坊（一）fāng 牌~　~巷

　　（二）fáng 粉~　磨~　碾~

　　　　染~　油~　谷~

妨 fáng（统读）

防 fáng（统读）

肪 fáng（统读）

沸 fèi（统读）

汾 fén（统读）

讽 fěng（统读）

肤 fū（统读）

敷 fū（统读）

俘 fú（统读）

浮 fú（统读）

服 fú ~毒　~药

拂 fú（统读）

辐 fú（统读）

幅 fú（统读）

甫 fǔ（统读）

复 fù（统读）

缚 fù（统读）

G

噶 gá（统读）

冈 gāng（统读）

刚 gāng（统读）

岗 gǎng ~楼　~哨　~子

　　门~　站~　山~子

港 gǎng（统读）

葛（一）gé ~藤　~布　瓜~

　　（二）gě〔姓〕（包括单、复姓）

隔 gé（统读）

革 gé ~命　~新　改~

合 gě（一升的十分之一）

给（一）gěi（语）单用

　　（二）jǐ（文）补~　供~

　　　　供~制　~予　配~

　　　　自~自足

亘 gèn（统读）

更 gēng 五~　~生

颈 gěng 脖~儿

供（一）gōng ~给　提~　~销

　　（二）gòng 口~　翻~　上~

佝 gōu（统读）

枸 gǒu ~杞

勾 gòu ~当

估（除"~衣"念 gù 外，其他

　　都念 gū）

骨（除"~碌""~朵"念 gū 外，

　　其他都念 gǔ）

谷 gǔ ~雨

锢 gù（统读）

冠（一）guān（名物义）~心病

　　（二）guàn（动作义）沐猴而~

　　　　~军

犷 guǎng（统读）

宄 guǐ（统读）

桧（一）guì（树名）

（二）huì（人名）秦～

刽 guì（统读）

聒 guō（统读）

蝈 guō（统读）

过（除姓氏念 guō 外，其他都念 guò）

H

虾 há ～蟆

哈（一）hǎ ～达

（二）hà ～什玛

汗 hán 可～

巷 hàng ～道

号 háo 寒～虫

和（一）hè 唱～ 附～ 曲高～寡

（二）huo 搀～ 搅～ 暖～
热～ 软～

貉（一）hé（文）一丘之～

（二）háo（语）～绒 ～子

壑 hè（统读）

褐 hè（统读）

喝 hè ～采 ～道 ～令 ～止

呼幺～六

鹤 hè（统读）

黑 hēi（统读）

亨 hēng（统读）

横（一）héng ～肉 ～行霸道

（二）hèng 蛮～ ～财

訇 hōng（统读）

虹（一）hóng（文）～彩 ～吸

（二）jiàng（语）单用

讧 hòng（统读）

囫 hú（统读）

瑚 hú（统读）

蝴 hú（统读）

桦 huà（统读）

徊 huái（统读）

踝 huái（统读）

浣 huàn（统读）

黄 huáng（统读）

荒 huang 饥～（指经济困难）

诲 huì（统读）

贿 huì（统读）

会 huì 一～儿 多～儿
～厌（生理名词）

混 hùn ～合 ～乱
～凝土 ～淆
～血儿 ～杂

蠖 huò（统读）

霍 huò（统读）

豁 huò ～亮

获 huò（统读）

J

羁 jī（统读）

击 jī（统读）

奇 jī ～数

芨 jī（统读）

缉（一）jī 通～ 侦～

（二）qī ～鞋口

几 jī 茶～ 条～

圾 jī（统读）

戢 jí（统读）

疾 jí（统读）

汲 jí（统续）

棘 jí（统读）

藉 jí 狼～（籍）

嫉 jí（统读）

脊 jǐ（统读）

纪（一）jǐ〔姓〕

（二）jì ～念 ～律

纲～　～元

偈 jì ～语

绩 jì （统读）

迹 jì （统读）

寂 jì （统读）

箕 ji 簸～

辑 ji 逻～

茄 jiā 雪～

夹 jiā ～带藏掖　～道儿　～攻
　　　　～棍　～生　～杂　～竹桃
　　　　～注

浃 jiā （统读）

甲 jiǎ （统读）

歼 jiān （统读）

鞯 jiān （统读）

间 （一）jiān ～不容发　中～
　　 （二）jiàn 中～儿　～道　～谍
　　　　　　 ～断　～或　～接　～距
　　　　　　 ～隙　～续　～阻　～作
　　　　　　 挑拨离～

趼 jiǎn （统读）

俭 jiǎn （统读）

缰 jiāng （统读）

膙 jiǎng （统读）

嚼 （一）jiáo （语）味同～蜡
　　　　　　 咬文～字
　　 （二）jué （文）咀～
　　　　　　 过屠门而大～
　　 （三）jiào 倒～（倒噍）

侥 jiǎo ～幸

角 （一）jiǎo 八～（大茴香）　～落
　　　　　　 独～戏　～膜　～度
　　　　　　 ～儿（犄～）　～楼
　　　　　　 勾心斗～　号～
　　　　　　 口～（嘴～）　鹿～
　　　　　　 菜头～
　　 （二）jué 　～斗　～儿（脚色）

口～（吵嘴）　主～儿
配～儿　～力　捧～儿

脚 （一）jiǎo 根～
　　 （二）jué ～儿（也作"角儿"，
　　　　　　 脚色）

剿 （一）jiǎo 围～
　　 （二）chāo ～说　～袭

校 jiào ～勘　～样　～正

较 jiào （统读）

酵 jiào （统读）

嗟 jiē （统读）

疖 jiē （统读）

结 （除"～了个果子""开花～果"
　　 "～巴""～实"念 jiē 外，其
　　 他都念 jié）

睫 jié （统读）

芥 （一）jiè ～菜（一般的芥菜）
　　　　　　 ～末
　　 （二）gài ～菜（也作"盖菜"）

矜 jīn ～持　自～　～怜

仅 jǐn ～～　绝无～有

谨 jǐn （统读）

觐 jìn （统读）

浸 jìn （统读）

斤 jin 千～（起重的工具）

茎 jīng （统读）

粳 jīng （统读）

鲸 jīng （统读）

境 jìng （统读）

痉 jìng （统读）

劲 jìng 刚～

窘 jiǒng （统读）

究 jiū （统读）

纠 jiū （统读）

鞠 jū （统读）

鞫 jū （统读）

掬 jū （统读）

苴 jū（统读）

咀 jǔ ～嚼

矩（一）jǔ ～形
　　（二）ju 规～

俱 jù（统读）

龟 jūn ～裂（也作"皲裂"）

菌（一）jūn 细～　病～　杆～
　　　　　霉～
　　（二）jùn 香～　～子

俊 jùn（统读）

K

卡（一）kǎ ～宾枪　～车
　　　　　～介苗　～片　～通
　　（二）qiǎ ～子　关～

揩 kāi（统读）

慨 kǎi（统读）

忾 kài（统读）

勘 kān（统读）

看 kān ～管　～护　～守

慷 kāng（统读）

拷 kǎo（统读）

坷 kē ～拉（垃）

疴 kē（统读）

壳（一）ké（语）～儿　贝～儿
　　　　　脑～　驳～枪
　　（二）qiào（文）地～　甲～
　　　　　躯～

可（一）kě ～～儿的
　　（二）kè ～汗

恪 kè（统读）

刻 kè（统读）

克 kè ～扣

空（一）kōng ～心砖　～城计
　　（二）kòng ～心吃药

眍 kōu（统读）

矻 kū（统读）

酷 kù（统读）

框 kuàng（统读）

矿 kuàng（统读）

傀 kuǐ（统读）

溃（一）kuì ～烂
　　（二）huì ～脓

篑 kuì（统读）

括 kuò（统读）

L

垃 lā（统读）

邋 lā（统读）

罱 lǎn（统读）

缆 lǎn（统读）

蓝 lan 苤～

琅 láng（统读）

捞 lāo（统读）

劳 láo（统读）

醪 láo（统读）

烙（一）lào ～印　～铁　～饼
　　（二）luò 炮～（古酷刑）

勒（一）lè（文）～逼　～令
　　　　　～派　～索　悬崖～马
　　（二）lēi（语）多单用

擂（除"～台""打～"念 lèi 外，
　　其他都念 léi）

礌 léi（统读）

羸 léi（统读）

蕾 lěi（统读）

累（一）lèi（辛劳义，如"受～"
　　　　　〔受劳～〕）
　　（二）léi（如"～赘"）
　　（三）lěi（牵连义，如"带～"
　　　　　"～及""连～""赔～"
　　　　　"牵～""受～"〔受牵～〕）

蠡（一）lí 管窥～测
　　（二）lǐ ～县　范～

喱 lí（统读）

连 lián（统读）

敛 liǎn（统读）

恋 liàn（统读）

量（一）liàng ～入为出　忖～

　　（二）liang 打～　掂～

踉 liàng ～跄

潦 liáo ～草　～倒

劣 liè（统读）

捩 liè（统读）

趔 liè（统读）

拎 līn（统读）

遴 lín（统读）

淋（一）lín ～浴　～漓　～巴

　　（二）lìn ～硝　～盐　～病

蛉 líng（统读）

榴 liú（统读）

馏（一）liú（文）干～　蒸～

　　（二）liù（语）～馒头

镏 liú ～金

碌 liù ～碡

笼（一）lóng（名物义）～子　牢～

　　（二）lǒng（动作义）～络　～括

　　　　　～统　～罩

偻（一）lóu 佝～

　　（二）lǚ 伛～

瞜 lou 眍～

虏 lǔ（统读）

掳 lǔ（统读）

露（一）lù（文）赤身～体　～天

　　　　　～骨　～头角　藏头～尾

　　　　　抛头～面　～头（矿）

　　（二）lòu（语）～富　～苗　～光

　　　　　～相　～马脚　～头

橹 lú（统读）

捋（一）lǚ ～胡子

　　（二）luō ～袖子

绿（一）lǜ（语）

　　（二）lù（文）～林　鸭～江

李 luán（统读）

挛 luán（统读）

掠 lüè（统读）

囵 lún（统读）

络 luò ～腮胡子

落（一）luò（文）～膘　～花生

　　　　　～魄　涨～　～槽

　　　　　着～

　　（二）lào（语）～架　～色

　　　　　～炕　～枕　～儿

　　　　　～子（一种曲艺）

　　（三）là（语）遗落义，如"丢

　　　　　三～四""～在后面"

M

脉（除"～～"念 mòmò 外，其
　　他都念 mài）

漫 màn（统读）

蔓（一）màn（文）～延　不～
　　　　　不支

　　（二）wàn（语）瓜～　压～

牤 māng（统读）

氓 máng 流～

芒 máng（统读）

铆 mǎo（统读

瑁 mào（统读）

虻 méng（统读）

盟 méng（统读）

祢 mí（统读）

眯（一）mí ～了眼（灰尘等入目，
　　　　　也作"迷"）

　　（二）mī ～了一会儿（小睡）
　　　　　～缝着眼（微微合目）

靡（一）mí ～费

　　（二）mǐ 风～　委～　披～

秘（除"～鲁"念 bì 外，其他
　　都念 mì）

泌（一）mì（语）分～
　　（二）bì（文）～阳〔地名〕

娩 miǎn（统读）

缈 miǎo（统读）

皿 mǐn（统读）

闽 mǐn（统读）

茗 míng（统读）

酩 mǐng（统读）

谬 miù（统读）

摸 mō（统读）

模（一）mó ～范　～式　～型
　　　　～糊　～特儿
　　　　～棱两可
　　（二）mú ～子　～具　～样

膜 mó（统读）

摩 mó 按～　抚～

嬷 mó（统读）

墨 mò（统读）

糢 mò（统读）

沫 mò（统读）

缪 móu 绸～

N

难（一）nán 困～（或变轻声）
　　　　～兄～弟（难得的兄弟，
　　　　现多用作贬义）
　　（二）nàn 排～　发～　刁～
　　　　责～　～兄～弟（共患
　　　　或同受苦难的人）

蝻 nǎn（统读）

蛲 náo（统读）

讷 nè（统读）

馁 něi（统读）

嫩 nèn（统读）

恁 nèn（统读）

妮 nī（统读）

拈 niān（统读）

鲇 nián（统读）

酿 niàng（统读）

尿（一）niào 糖～症
　　（二）suī（只用于口语名词）
　　　　尿（niào）～　～脬

嗫 niè（统读）

宁（一）níng 安～
　　（二）nìng ～可　无～〔姓〕

忸 niǔ（统读）

脓 nóng（统读）

弄（一）nòng 玩～
　　（二）lòng ～堂

暖 nuǎn（统读）

衄 nù（统读）

疟（一）nüè（文）～疾
　　（二）yào（语）发～子

娜（一）nuó 婀～　袅～
　　（二）nà（人名）

O

殴 ōu（统读）

呕 ǒu（统读）

P

杷 pá（统读）

琶 pá（统读）

牌 pái（统读）

排 pǎi ～子车

迫 pǎi ～击炮

湃 pài（统读）

爿 pán（统读）

胖 pán 心广体～（～为安舒貌）

蹒 pán（统读）

畔 pàn（统读）

乒 pāng（统读）

滂 pāng（统读）

脬 pāo（统读）

胚 pēi（统读）

喷（一）pēn ～嚏

（二）pèn ～香

（三）pen 嚏～

澎 péng（统读）

坯 pī（统读）

披 pī（统读）

匹 pǐ（统读）

僻 pì（统读）

譬 pì（统读）

片（一）piàn ～子　唱～　画～

相～　影～　～儿会

（二）piān（口语一部分词）～子

～儿　唱～儿　画～儿

相～儿　影～儿

剽 piāo（统读）

缥 piāo ～缈（飘渺）

撇 piē ～弃

聘 pìn（统读）

乒 pīng（统读）

颇 pō（统读）

剖 pōu（统读）

仆（一）pū 前～后继

（二）pú ～从

扑 pū（统读）

朴（一）pǔ 俭～　～素　～质

（二）pō ～刀

（三）pò ～硝　厚～

蹼 pǔ（统读）

瀑 pù ～布

曝（一）pù 一～十寒

（二）bào ～光（摄影术语）

Q

栖 qī 两～

戚 qī（统读）

漆 qī（统读）

期 qī（统读）

蹊 qī ～跷

蛴 qí（统读）

畦 qí（统读）

萁 qí（统读）

骑 qí（统读）

企 qǐ（统读）

绮 qǐ（统读）

杞 qǐ（统读）

槭 qì（统读）

洽 qià（统读）

签 qiān（统读）

潜 qián（统读）

荨（一）qián（文）～麻

（二）xún（语）～麻疹

嵌 qiàn（统读）

欠 qian 打哈～

戕 qiāng（统读）

镪 qiāng ～水

强（一）qiáng ～渡　～取豪夺

～制　博闻～识

（二）qiǎng 勉～　牵～

～词夺理　～迫

～颜为笑

（三）jiàng 倔～

襁 qiǎng（统读）

蹡 qiàng（统读）

悄（一）qiāo ～～儿的

（二）qiǎo ～默声儿的

橇 qiāo（统读）

翘（一）qiào（语）～尾巴

（二）qiáo（文）～首　～楚

连～

怯 qiè（统读）

挈 qiè（统读）

趄 qie 趔~

侵 qīn（统读）

衾 qīn（统读）

噙 qín（统读）

倾 qīng（统读）

亲 qìng ~家

穹 qióng（统读）

黢 qū（统读）

曲（麯）qū 大~　红~　神~

渠 qú（统读）

瞿 qú（统读）

蠼 qú（统读）

苣 qǔ ~荬菜

龋 qǔ（统读）

趣 qù（统读）

雀 què ~斑　~盲症

R

髯 rán（统读）

攘 rǎng（统读）

桡 ráo（统读）

绕 rào（统读）

任 rén〔姓，地名〕

妊 rèn（统读）

扔 rēng（统读）

容 róng（统读）

糅 róu（统读）

茹 rú（统读）

孺 rú（统读）

蠕 rú（统读）

辱 rǔ（统读）

挼 ruó（统读）

S

靸 sǎ（统读）

噻 sāi（统读）

散（一）sǎn 懒~

　　零零~~　~漫

　　（二）sàn 零~

丧 sang 哭~着脸

扫（一）sǎo ~兴

　　（二）sào ~帚

埽 sào（统读）

色（一）sè（文）

　　（二）shǎi（语）

塞（一）sè（文）动作义

　　（二）sāi（语）名物义，如"活
　　　　~""瓶~"；动作义，如
　　　　"把洞~住"

森 sēn（统读）

煞（一）shā ~尾　收~

　　（二）shà ~白

啥 shá（统读）

厦（一）shà（语）

　　（二）xià（文）~门　噶~

杉（一）shān（文）紫~　红~
　　　　水~

　　（二）shā（语）~篙　~木

衫 shān（统读）

姗 shān（统读）

苫（一）shàn（动作义，如"~布"）

　　（二）shān（名物义，如"草
　　　　~子"）

墒 shāng（统读）

猞 shē（统读）

舍 shè 宿~

慑 shè（统读）

摄 shè（统读）

射 shè（统读）

谁 shéi，又音 shuí

娠 shēn（统读）

什（甚）shén ~么

蜃 shèn（统读）

葚（一）shèn（文）桑~

（二）rèn（语）桑~儿

胜 shèng（统读）

识 shí 常~ ~货 ~字

似 shì ~的

室 shì（统读）

螫（一）shì（文）

（二）zhē（语）

匙 shi 钥~

殊 shū（统读）

蔬 shū（统读）

疏 shū（统读）

叔 shū（统读）

淑 shū（统读）

菽 shū（统读）

熟（一）shú（文）

（二）shóu（语）

署 shǔ（统读）

曙 shǔ（统读）

漱 shù（统读）

戍 shù（统读）

蟀 shuài（统读）

孀 shuāng（统读）

说 shuì 游~

数 shuò ~见不鲜

硕 shuò（统读）

蒴 shuò（统读）

艘 sōu（统读）

嗾 sǒu（统读）

速 sù（统读）

塑 sù（统读）

虽 suī（统读）

绥 suí（统读）

髓 suǐ（统读）

遂（一）suì 不~ 毛~自荐

（二）suí 半身不~

隧 suì（统读）

隼 sǔn（统读）

莎 suō ~草

缩（一）suō 收~

（二）sù ~砂密（一种植物）

嗍 suō（统读）

索 suǒ（统读）

T

跶 tā（统读）

鳎 tǎ（统读）

獭 tǎ（统读）

沓（一）tà 重~

（二）ta 疲~

（三）dá 一~纸

苔（一）tái（文）

（二）tāi（语）

探 tàn（统读）

涛 tāo（统读）

悌 tì（统读）

佻 tiāo（统读）

调 tiáo ~皮

帖（一）tiē 妥~ 伏伏~~
俯首~耳

（二）tiě 请~ 字~儿

（三）tiè 字~ 碑~

听 tīng（统读）

庭 tíng（统读）

骰 tóu（统读）

凸 tū（统读）

突 tū（统读）

颓 tuí（统读）

蜕 tuì（统读）

臀 tún（统读）

唾 tuò（统读）

W

娲 wā（统读）

挖 wā（统读）

瓦 wà ～刀

呙 wāi（统读）

蜿 wān（统读）

玩 wán（统读）

惋 wǎn（统读）

脘 wǎn（统读）

往 wǎng（统读）

忘 wàng（统读）

微 wēi（统读）

巍 wēi（统读）

薇 wēi（统读）

危 wēi（统读）

韦 wéi（统读）

违 wéi（统读）

唯 wéi（统读）

圩（一）wéi ～子
　　（二）xū ～（墟）场

纬 wěi（统读）

委 wěi ～靡

伪 wěi（统读）

萎 wěi（统读）

尾（一）wěi ～巴
　　（二）yǐ 马～儿

尉 wèi ～官

文 wén（统读）

闻 wén（统读）

紊 wěn（统读）

喔 wō（统读）

蜗 wō（统读）

硪 wò（统读）

诬 wū（统读）

梧 wú（统读）

牾 wǔ（统读）

乌 wù ～拉（也作"靰鞡"）
　　～拉草

杌 wù（统读）

鹜 wù（统读）

X

夕 xī（统读）

汐 xī（统读）

晰 xī（统读）

析 xī（统读）

皙 xī（统读）

昔 xī（统读）

溪 xī（统读）

悉 xī（统读）

熄 xī（统读）

蜥 xī（统读）

螅 xī（统读）

惜 xī（统读）

锡 xī（统读）

樨 xī（统读）

袭 xí（统读）

檄 xí（统读）

峡 xiá（统读）

暇 xiá（统读）

吓 xià 杀鸡～猴

鲜 xiān 屡见不～　数见不～

锨 xiān（统读）

纤 xiān ～维

涎 xián（统读）

弦 xián（统读）

陷 xiàn（统读）

霰 xiàn（统读）

向 xiàng（统读）

相 xiàng ～机行事

淆 xiáo（统读）

哮 xiào（统读）

些 xiē（统读）

颉 xié ～颃

携 xié（统读）

偕 xié（统读）

挟 xié（统读）

械 xiè（统读）

馨 xīn（统读）

衅 xìn（统读）

行 xíng 操～　德～　发～　品～

省 xǐng 内～　反～　～亲
　　　不～人事

芎 xiōng（统读）

朽 xiǔ（统读）

宿 xiù 星～　二十八～

煦 xù（统读）

蓿 xu 苜～

癣 xuǎn（统读）

削（一）xuē（文）剥～　～减　瘦～
　　（二）xiāo（语）切～　～铅笔

穴 xué（统读）

学 xué（统读）

雪 xuě（统读）

血（一）xuè（文）用于复音词及
　　　成语，如"贫～""心～"
　　　"呕心沥～""～泪史"
　　　"狗～喷头"等
　　（二）xiě（语）口语多单用，如
　　　"流了点儿～"及几个口语
　　　常用词，如"鸡～""～晕"
　　　"～块子"等

谑 xuè（统读）

寻 xún（统读）

驯 xùn（统读）

逊 xùn（统读）

熏 xùn 煤气～着了

徇 xùn（统读）

殉 xùn（统读）

蕈 xùn（统读）

Y

押 yā（统读）

崖 yá（统读）

哑 yǎ ～然失笑

亚 yà（统读）

殷 yān ～红

芫 yán ～荽

筵 yán（统读）

沿 yán（统读）

焰 yàn（统读）

夭 yāo（统读）

肴 yáo（统读）

杳 yǎo（统读）

窈 yǎo（统读）

钥（一）yào（语）～匙
　　（二）yuè（文）锁～

曜 yào（统读）

耀 yào（统读）

椰 yē（统读）

噎 yē（统读）

叶 yè ～公好龙

曳 yè 弃甲～兵　摇～　～光弹

屹 yì（统读）

轶 yì（统读）

谊 yì（统读）

懿 yì（统读）

诣 yì（统读）

艾 yì 自怨自～

荫 yìn（统读）（"树～""林～道"
应作"树阴""林阴道"）

应（一）yīng ～届　～名儿　～许
　　　提出的条件他都～了
　　　是我～下来的任务
　　（二）yìng ～承　～付　～声
　　　～时　～验　～邀
　　　～用　～运　～征
　　　里～外合

萦 yíng（统读）

映 yìng（统读）

佣 yōng ～工

庸 yōng（统读）

臃 yōng（统读）

壅 yōng（统读）

拥 yōng（统读）

踊 yǒng（统读）

咏 yǒng（统读）

泳 yǒng（统读）

莠 yǒu（统读）

愚 yú（统读）

娱 yú（统读）

愉 yú（统读）

伛 yǔ（统读）

屿 yǔ（统读）

吁 yù 呼～

跃 yuè（统读）

晕（一）yūn ～倒　头～

　　（二）yùn 月～　血～　～车

酝 yùn（统读）

Z

匝 zā（统读）

杂 zá（统读）

载（一）zǎi 登～　记～

　　（二）zài 搭～　怨声～道

　　　　重～　装～　～歌～舞

簪 zān（统读）

咱 zán（统读）

暂 zàn（统读）

凿 záo（统读）

择（一）zé 选～

　　（二）zhái ～不开　～菜　～席

贼 zéi（统读）

憎 zēng（统读）

甑 zèng（统读）

喳 zhā 唧唧～～

轧（除"～钢""～辊"念 zhá 外，

　其他都念 yà）（gá 为方言，不审）

摘 zhāi（统读）

粘 zhān ～贴

涨 zhǎng ～落　高～

着（一）zháo ～慌　～急　～家

　　　　～凉　～忙　～迷

　　　　～水～雨

　　（二）zhuó ～落　～手　～眼

　　　　～意　～重　不～边际

　　（三）zhāo 失～

沼 zhǎo（统读）

召 zhào（统读）

遮 zhē（统读）

蛰 zhé（统读）

辙 zhé（统读）

贞 zhēn（统读）

侦 zhēn（统读）

帧 zhēn（统读）

胗 zhēn（统读）

枕 zhěn（统读）

诊 zhěn（统读）

振 zhèn（统读）

知 zhī（统读）

织 zhī（统读）

脂 zhī（统读）

植 zhí（统读）

殖（一）zhí 繁～　生～　～民

　　（二）shi 骨～

指 zhǐ（统读）

掷 zhì（统读）

质 zhì（统读）

蛭 zhì（统读）

秩 zhì（统读）

栉 zhì（统读）

炙 zhì（统读）

中 zhōng 人～（人口上唇当中处）

种 zhòng 点～（义同"点播"。动

　宾结构念 diǎnzhǒng，义为点

播种子）

诌 zhōu（统读）

骤 zhòu（统读）

轴 zhòu 大～子戏　压～子

碡 zhou 碌～

烛 zhú（统读）

逐 zhú（统读）

属 zhǔ ～望

筑 zhù（统读）

著 zhù 土～

转 zhuǎn 运～

撞 zhuàng（统读）

幢（一）zhuàng 一～楼房

　（二）chuáng 经～（佛教所设
　　　刻有经咒的石柱）

拙 zhuō（统读）

茁 zhuó（统读）

灼 zhuó（统读）

卓 zhuó（统读）

综 zōng ～合

纵 zòng（统读）

粽 zòng（统读）

镞 zú（统读）

组 zǔ（统读）

钻（一）zuān ～探　～孔

　（二）zuàn ～床　～杆　～具

佐 zuǒ（统读）

唑 zuò（统读）

柞（一）zuò ～蚕　～绸

　（二）zhà ～水（在陕西）

做 zuò（统读）

作（除"～坊"念 zuō 外，其余
　都念 zuò）

附录 D 普通话水平测试用 朗读作品（部分）

说明：

1. 朗读作品供普通话水平测试第四项——朗读短文测试使用。为适应测试需要，必要时对原作品做了部分更动。

2. 每篇作品在第 400 个音节后用 "//" 标注。

3. 为适应朗读的需要，作品中的生僻字、多音字都在相应位置加注了拼音；作品中应该用数字的地方均用汉字书写方式书写。

作品 17 号

对于一个在北平住惯的人，像我，冬天要是不刮风，便觉得是奇迹；济南的冬天是没有风声的。对于一个刚由伦敦回来的人，像我，冬天要能看得见日光，便觉得是怪事；济南的冬天是响晴的。自然，在热带的地方，日光永远是那么毒，响亮的天气，反有点儿叫人害怕。可是，在北方的冬天，而能有温晴的天气，济南真得算个宝地。

微 课

作品 17 号朗读

设若单单是有阳光，那也算不了出奇。请闭上眼睛想：一个老城，有山有水，全在天底下晒着阳光，暖和安适地睡着，只等春风来把它们唤醒，这是不是理想的境界？小山整把济南围了个圈儿，只有北边缺着点口儿。这一圈小山在冬天特别可爱，好像是把济南放在一个小摇篮里，它们安静不动地低声地说："你们放心吧，这儿准保暖和。"真的，济南的人们在冬天是面上含笑的。他们一看那些小山，心中便觉得有了着落，有了依靠。他们由天上看到山上，便不知不觉地想起：明天也许就是春天了吧？这样的温暖，今天夜里山草也许就绿起来了吧？就是这点儿幻想不能一时实现，他们也并不着急，因为这样慈善的冬天，干什么还希望别的呢！

最妙的是下点儿小雪呀。看吧，山上的矮松越发的青黑，树尖儿上 // 顶着一髻（jì）儿白花，好像日本看护妇。山尖儿全白了，给蓝天镶上一道银边。山坡上，有的地方雪厚点儿，有的地方草色还露着；这样，一道儿白，一道儿暗黄，给山们穿上一件带水纹儿的花衣；看着看着，这件花衣好像被风儿吹动，叫你希望看见一点儿更美的山的肌肤。等到快日落的时候，微黄的阳光斜射在山腰上，那点儿薄雪好像忽然害羞，微微露出点儿粉色。就是下小雪吧，济南是受不住大雪的，那些小山太秀气。

（节选自老舍《济南的冬天》）

作品 25 号

　　梅雨潭闪闪的绿色招引着我们，我们开始追捉她那离合的神光了。揪着草，攀着乱石，小心探身下去，又鞠躬过了一个石穹门，便到了汪汪一碧的潭边了。

　　瀑布在襟袖之间，但是我的心中已没有瀑布了。我的心随潭水的绿而摇荡。那醉人的绿呀！仿佛一张极大极大的荷叶铺着，满是奇异的绿呀。我想张开两臂抱住她，但这是怎样一个妄想啊。

　　站在水边，望到那面，居然觉着有些远呢！这平铺着、厚积着的绿，着实可爱。她松松地皱缬（xié）着，像少妇拖着的裙幅；她滑滑地明亮着，像涂了"明油"一般，有鸡蛋清那样软，那样嫩；她又不杂些尘滓，宛然一块温润的碧玉，只清清的一色——但你却看不透她！

　　我曾见过北京什刹海（Shíchàhǎi）拂地的绿杨，脱不了鹅黄的底子，似乎太淡了。我又曾见过杭州虎跑寺近旁高峻而深密的"绿壁"，丛叠着无穷的碧草与绿叶的，那又似乎太浓了。其余呢，西湖的波太明了，秦淮河的水太暗了。可爱的，我将什么来比拟你呢？我怎么比拟得出呢？大约潭是很深的，故能蕴蓄着这样奇异的绿；仿佛蔚蓝的天融了一块在里面似的，这才这般的鲜润啊。

　　那醉人的绿呀！我若能裁你以为带，我将赠给那轻盈的 // 舞女，她必能临风飘举了。我若能挹（yì）你以为眼，我将赠给那善歌的盲妹，她必明眸善睐了。我舍不得你，我怎舍得你呢？我用手拍着你，抚摩着你，如同一个十二三岁的小姑娘。我又掬你入口，便是吻着她了。我送你一个名字，我从此叫你"女儿绿"，好吗？

　　第二次到仙岩的时候，我不禁惊诧于梅雨潭的绿了。

（节选自朱自清《绿》）

作品 50 号

　　燕子去了，有再来的时候；杨柳枯了，有再青的时候；桃花谢了，有再开的时候。但是，聪明的，你告诉我，我们的日子为什么一去不复返呢？——是有人偷了他们罢：那是谁？又藏在何处呢？是他们自己逃走了罢：现在又到了哪里呢？

　　去的尽管去了，来的尽管来着；去来的中间，又怎样地匆匆呢？早上我起来的时候，小屋里射进两三方斜斜的太阳。太阳他有脚啊，轻轻悄悄地挪移了；我也茫茫然跟着旋转。于是——洗手的时候，日子从水盆里过去；吃饭的时候，日子从饭碗里过去；默默时，便从凝然的双眼前过去。我觉察他去的匆匆了，伸出手遮挽时，他又从遮挽着的手边过去；天黑时，我躺在床上，他便伶伶俐俐地从我身上跨过，从我脚边飞去了。等我睁开眼和太阳再见，这算又溜走了一日。我掩着面叹息。但是新来的日子的影儿又开始在叹息里闪过了。

在逃去如飞的日子里，在千门万户的世界里的我能做些什么呢？只有徘徊罢了，只有匆匆罢了；在八千多日的匆匆里，除徘徊外，又剩些什么呢？过去的日子如轻烟，被微风吹散了，如薄雾，被初阳蒸融了；我留着些什么痕迹呢？我何曾留着像游丝样的痕迹呢？我赤裸裸来 // 到这世界，转眼间也将赤裸裸地回去罢？但不能平的，为什么偏白白走这一遭啊？

你聪明的，告诉我，我们的日子为什么一去不复返呢？

（节选自朱自清《匆匆》）

作品 58 号

不管我的梦想能否成为事实，说出来总是好玩儿的：

春天，我将要住在杭州。二十年前，旧历的二月初，在西湖我看见了嫩柳与菜花，碧浪与翠竹。由我看到的那点儿春光，已经可以断定，杭州的春天必定会教人整天生活在诗与图画之中。所以，春天我的家应当是在杭州。

夏天，我想青城山应当算作最理想的地方。在那里，我虽然只住过十天，可是它的幽静已拴住了我的心灵。在我所看见过的山水中，只有这里没有使我失望。到处都是绿，目之所及，那片淡而光润的绿色都在轻轻地颤动，仿佛要流入空中与心中似的。这个绿色会像音乐，涤清了心中的万虑。

秋天一定要住北平。天堂是什么样子，我不知道，但是从我的生活经验去判断，北平之秋便是天堂。论天气，不冷不热。论吃的，苹果、梨、柿子、枣儿、葡萄，每样都有若干种。论花草，菊花种类之多，花式之奇，可以甲天下。西山有红叶可见，北海可以划船——虽然荷花已残，荷叶可还有一片清香。衣食住行，在北平的秋天，是没有一项不使人满意的。

冬天，我还没有打好主意，成都或者相当得合适，虽然并不怎样和暖，可是为了水仙，素心蜡梅，各色的茶花，仿佛就受一点儿寒冷，也颇值得去了。昆明的花也多，而且天气比成都好，可是旧书铺与精美而便宜的小吃远不及成都那么多。好吧，就暂这么规定：冬天不住成都便住昆明吧。

在抗战中，我没能发国难财。我想，抗战胜利以后，我必能阔起来。那时候，假若飞机减价，一二百元就能买一架的话，我就自备一架，择黄道吉日慢慢地飞行。

（节选自老舍《住的梦》）

参考文献

[1] 黄秋瑞，李文辉. 普通话教程 [M]. 上海：立信会计出版社，2007.

[2] 蒋同林. 普通话口语交际：字正腔圆能说会道 [M]. 北京：人民教育出版社，2006.

[3] 尹建国. 普通话教程 [M]. 北京：高等教育出版社，2006.

[4] 国家语言文字工作委员会普通话培训测试中心. 普通话水平测试实施纲要 [M]. 北京：商务印书馆，2004.

[5] 张子泉. 普通话教程 [M]. 5 版. 北京：清华大学出版社，2020.

[6] 陈兴焱，周声. 普通话口语教程 [M]. 2 版. 北京：清华大学出版社，2019.